ÜBER SIEBENBÜRGEN
BAND 7
KIRCHENBURGEN IM
HAFERLAND UND REPSER LÄNDCHEN

Gegensätze: Die gepflegte Meschendorfer Kirchenburg oben, unten die arme Kirche in Draas.

ÜBER SIEBENBÜRGEN

BAND 7
KIRCHENBURGEN IM HAFERLAND UND REPSER LÄNDCHEN

ANSELM ROTH   FOTOGRAFIEN UND TEXT
OVIDIU SOPA   LUFTFOTOGRAFIEN

SCHILLER VERLAG
BONN
2019

© 2019 Anselm Roth / SV

Schiller Verlag Bonn
Ramersdorfer Straße 2
53229 Bonn / Deutschland
Tel. 0228-909 195 57

ISBN 978-3-946954-48-4

Vorwort

Mit diesem siebenten Band der Reihe »Über Siebenbürgen« haben wir den größten Teil der noch existenten siebenbürgischen Kirchenburgen vorgestellt. Noch drei Bände sind geplant: acht und neun mit den Kirchenburgen zwischen Mediasch (Mediaș) und Schäßburg (Sighișoara) sowie Band 10 mit denjenigen in Nordsiebenbürgen, also die Regionen Sächsisch-Regen (Reghin) und Bistritz (Bistrița).

Diesmal geht es hier im Band 7 um das Haferland, ein Begriff, der lange Zeit in Vergessenheit geraten war, und eigentlich erst durch die Haferlandwoche wieder populär wurde, und das Repser Ländchen.

Haferlandwoche

Gemeinsam mit ihren Kooperationspartnern Michael Schmidt beziehungsweise Michael-Schmidt-Stiftung Criț (Deutsch-Kreuz), Caroline Fernolend aus Viscri (Deutsch-Weißkirch), Bürgermeister Mircea Pălăsan aus Bunești (Bodendorf) und Vertretern aus Meșendorf (Meschendorf) initiierte die Peter-Maffay-Stiftung (aus Radeln/Roadeș) die Kulturwoche im August 2013 und wiederholte sie seither jährlich. Mit der Kulturwoche soll für die Geschichte, die Bräuche und Kunstschätze des Haferlandes geworben werden.

Touristen aus der ganzen Welt

Keinerlei Werbung braucht natürlich Deutsch-Weißkirch (Viscri) am Südrand des Haferlandes. Wie kaum ein anderes siebenbürgisches Dorf (Birthälm/Biertan vielleicht ausgenommen) besitzt es einen Bekanntheitsgrad, der Touristen aus der ganzen Welt anzieht. Auch für Rumänen, die sich lange Zeit wenig oder gar nicht für die architektonischen Hinterlassenschaften der Siebenbürger Sachsen interessiert haben, wird es zu einem immer häufiger angesteuerten Ausflugsziel.

Und natürlich die Repser Burg (die allerdings keine richtige Kirchenburg ist): Allein schon die prominente Lage, unübersehbar an der Europastraße E60 zwischen Schäßburg (Sighișoara) und Kronstadt (Brașov) beschert ihr eine enorme und jährlich wachsende Besucherzahl.

Groß dagegen ist aber auch die Zahl der abseits liegenden, in Vergessenheit geratenen Kirchenburgen. Nicht nur, dass sich nur ganz wenige Besucher dorthin verirren, auch die Finanzierung von Instandsetzungsarbeiten findet meist keinen Weg dahin.

Unbekannte Burgen

Wer kennt schon die Galter Kirchenburg? Oder Meeburg (Beia)? Beide Baudenkmäler sind in schlechtem Zustand, Reparaturzuschüsse nicht in Sicht.

Aber es gibt auch Ausnahmen: So ist zum Beispiel Denndorf (Daia) fünf Kilometer östlich von Trappold (Apold) weitgehend unbekannt, doch passiert dort einiges: Dank privater Initiative konnte der Verfall der Kirchenburg weitgehend gestoppt werden.

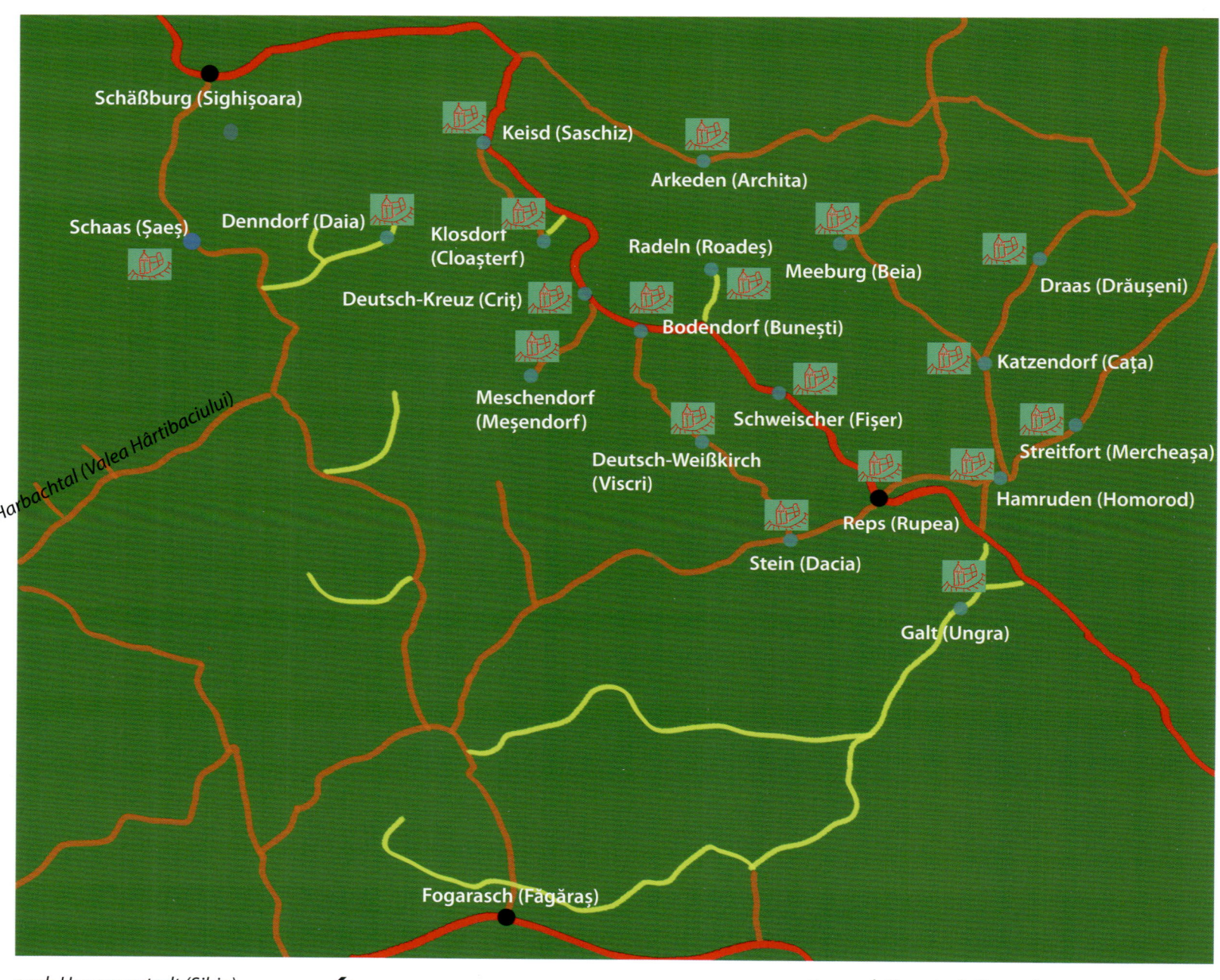

Inhalt

Vorwort 5

Denndorf Daia Szászdálya Dändref 8

Schaas Șaeș Segesd Schåss 13

Arkeden Archita Erked Ärkeden 17

Keisd Saschiz Szászkézd Kaisst 24

Klosdorf Cloașterf Miklóstelke Kliisstref 30

Deutsch-Kreuz Criț Szászkeresztur Kroiz 36

Meschendorf Meșendorf Mese Moischendref 40

Bodendorf Bunești Szászbuda Bodendref 46

Radeln Roadeș Rádos Rodeln Rårlen 55

Schweischer Fișer Sövénység Schwaescher 59

Deutsch-Weißkirch Viscri Szászfehéregyháza Weisskirich 62

Stein Dacia Garát Schtän 66

Reps Rupea Kőhalom Räpess 72

Galt Ungra Ugra Goalt 76

Hamruden Homorod Homorod Ham(e)ruîden 82

Streitfort Mercheașa Mirkvásár Schtretfert 88

Katzendorf Cața Kaca Kaznderf 92

Meeburg Beia Homorodbéne Meebrich 96

Draas Drăușeni Homoróddaróc Draass 100

Denndorf Daia Szászdálya Dändref

Unser erster Band, »Harbachtal«, hat in Trappold geendet, und dort finden wir gleich neben der Kirchenburg die holprige, weil nur grob mit Kies bestreute Straße am Schaaser Bach entlang ins fünf Kilometer entfernte (noch) recht unbekannte Denndorf. Zufällig kommt hier keiner vorbei, und bereits die ersten Meter der Straße innerhalb von Trappold schreckt wohl selbst abenteuerlustige Touristen ab. Dabei entgeht ihnen wirklich etwas – um das viel strapazierte Wort zu bemühen: eine Zeitreise. Wie auf dem Foto zu erkennen ist, war im Ort Platzmangel scheinbar unbekannt, und die Höfe verteilen sich in einer in Siebenbürgen seltenen Großzügigkeit über den Hattert (=Dorfflur). Natürlich gibt es Autos und Traktoren, aber die Atmosphäre und vor allem das Tempo ist schlicht antik.

Denndorf ist alt, 1289 erstmals in einer Urkunde vorkommend, liegt seine

Gründung wohl noch ein paar Jahre länger zurück. Erste Details erfahren wir bei Hermann Fabini (»Atlas der siebenbürgisch-sächsischen Kirchenburgen und Dorfkirchen«) aus der Zeit um 1500: Damals wurde es *Dellendorff* genannt und gehörte zum Schäßburger Stuhl.

72 Wirte nebst ihren Familien wohnten dort, also etwa 350 Menschen sowie fünf Hirten und drei Arme, den Kindern stand eine Schule zur Verfügung.

Um diese Zeit ist auch die Kirche – wie fast überall in Siebenbürgen – zur Kirchenburg ausgebaut worden. Sie bewährte sich rund 100 Jahre später, als Szeklertruppen eine große Geldsumme forderten. Die Denndorfer flüchteten sich in ihre Kirchenburg und konnten so den Szeklern Paroli bieten. Gut einhundert Jahre später konnte die Kirchenburg gegen die Pest

Denndorf Daia Szászdálya Dändref

auch nicht helfen: Sie forderte 1719 185 Menschenleben.

Die Denndorfer Kirche ist vermutlich 1447 fertiggestellt worden – die Jahreszahl findet sich auf dem Schlussstein der Apsis. Der Chor misst 11,5 mal 6 Meter, der Saal 18 mal 9 Meter. In der Nordwand des Chores ist eine Sakristei angebaut. Anfang des 16. Jahrhunderts wurde über dem Westteil des Saales der erste Turm gebaut. Er wurde 1803 im Zuge von Umbauarbeiten abgetragen, das Schiff bekam ein neues Gewölbe.

Der Altar, einst mit der Orgel verbunden (1995 wurde sie nach Appesdorf/Mănăștur verlegt), stammt von 1795, ein gewisser Handy wird als Erbauer angegeben, und wurde 1799 vergoldet. Derzeit befindet sich die Kirche in Renovierung, das Innere ist eine teils ausgeräumte Baustelle. Die Denndorfer Kirchenburg und der Glockenturm waren dem Verfall preisgegeben

Denndorf Daia Szászdálya Dändref

bis sich 2013 der Siebenbürger Sachse Uwe Hann der Sache annahm. Er gründete den rumänischen Verein Asociația Șapte Brazi, der in Partnerschaft mit dem schon älteren deutschen Verein Bona Fide International e.V., die historischen Gebäude vom Bezirkskonsistorium vertraglich übernahm. Ziel ist es, das architektonisch einzigartige Ensemble zu schützen, zugänglich zu machen und kulturell neu zu nutzen. Bisher wurden Reparaturen am Dach und an den Fußböden des Glockenturms finanziert sowie die Restaurierung der Turmuhr. Die Ringmauer, im Grundriss ein Rechteck, hatte im Südwesten einen halbrunden Turm, dessen Überreste noch zu sehen sind.

In die Mauer integriert sind im Osten ein Wehrgebäude, das auch als altes Rathaus gedient hat. Es gilt mit seinem zum Wehrgeschoss umgebauten zweiten Obergeschoss als »eines der interessantesten Beispiele für befestigten

Wohnungsbau in Siebenbürgen«, so der Architekt Hermann Fabini. Früher gab es wohl auch im Westen der Ringmauer ein ähnliches Gebäude. Heute ist dort nur ein Mauergeviert in der Größe des östlichen Wehrgebäudes zu sehen. Schieß- und Hosenscharten (sie bestehen aus zwei Scharten, die schräg zueinander stehend sich zu einer Öffnung vereinen) deuten die Höhe des ehemaligen Wehrgangs der Ringmauer an.

In der Denndorfer Kirchenburg findet ein zweijähriges Restaurationsprojekt des amerikanischen »Ambassadors Fund for Cultural Preservation« (AFCP) statt. Der AFCP unterstützt die Erhaltung kultureller und historischer Monumente. *Schlüssel sind bei Herrn Uwe Hann, ehemaliges Pfarrhaus, Tel.: +40/722/551 746*

Denndorf Daia Szászdálya Dändref

Schaas Șaeș Segesd Schäss

Zurück nach Trappold und dann nach Norden (seltsame Rundhügel auf dem Weg dahin!) gelangen wir sieben Kilometer vor Schäßburg nach Schaas. An der Hauptstraße steht auf einer Anhöhe die Kirchenburg – oder besser: was noch von ihr übrig ist. Denn im 19. Jahrhundert wurden die Türme des Bering-Vierecks bis auf den im Norden abgetragen, auch die Mauer selbst ist größtenteils verschwunden. Sie wurde aber abschnittsweise im Süden durch ein wehrhaft ausgebautes Wohngebäude ersetzt, im Osten und Norden gibt

es Kornspeicher, die ebenfalls für den Verteidigungsfall gerüstet waren. Sie sind allerdings dringend renovierungsbedürftig und stehen vermutlich kurz vor dem Einsturz.

Schaas wird 1309 erstmals urkundlich erwähnt als Mitglied des Kisder (Keisder) Kapitels. Um 1500 war der Ort eine freie Gemeinde des Schäßburger Stuhls mit etwa 250 Einwohnern. 1748 zerstörte ein Großbrand weite Teile des Dorfes, 1816 und 1834 brannte es erneut gewaltig. Um 1374 wurde erstmals eine Kirche in Schaas erwähnt, davon sind noch zwei romanische Kapitelle übrig, die im Pfarrhaus aufbewahrt werden. Im Jahr 1802 stürzte das Gewölbe des Schiffes ein, die Reste der Kirche wurden im Jahr 1818 völlig abgetragen. Zwei Jahre später begannen die Schaaser mit dem Neubau, nach

zwölf Jahren stand die neue Kirche. Der viereckige Chor wird von zwei Sakristeien flankiert. In der linken Sakristei befindet sich ein Kanzeldeckel aus dem Jahr 1715. Die Kirchenmauern tragen klassizistische Pilaster (Pfeiler). Die Orgel auf der Westempore hat Josef Nagy 1881 gebaut, heute ist sie laut Orgeldatei spielbar, aber ungepflegt, ein Pedal ist defekt. *Die Schlüssel für die Kirchenburg sind bei Gerry Nadler (Tel.: +40/265/712 147, Haus 101) erhältlich.*

Schaas Șaeș Segesd Scháss

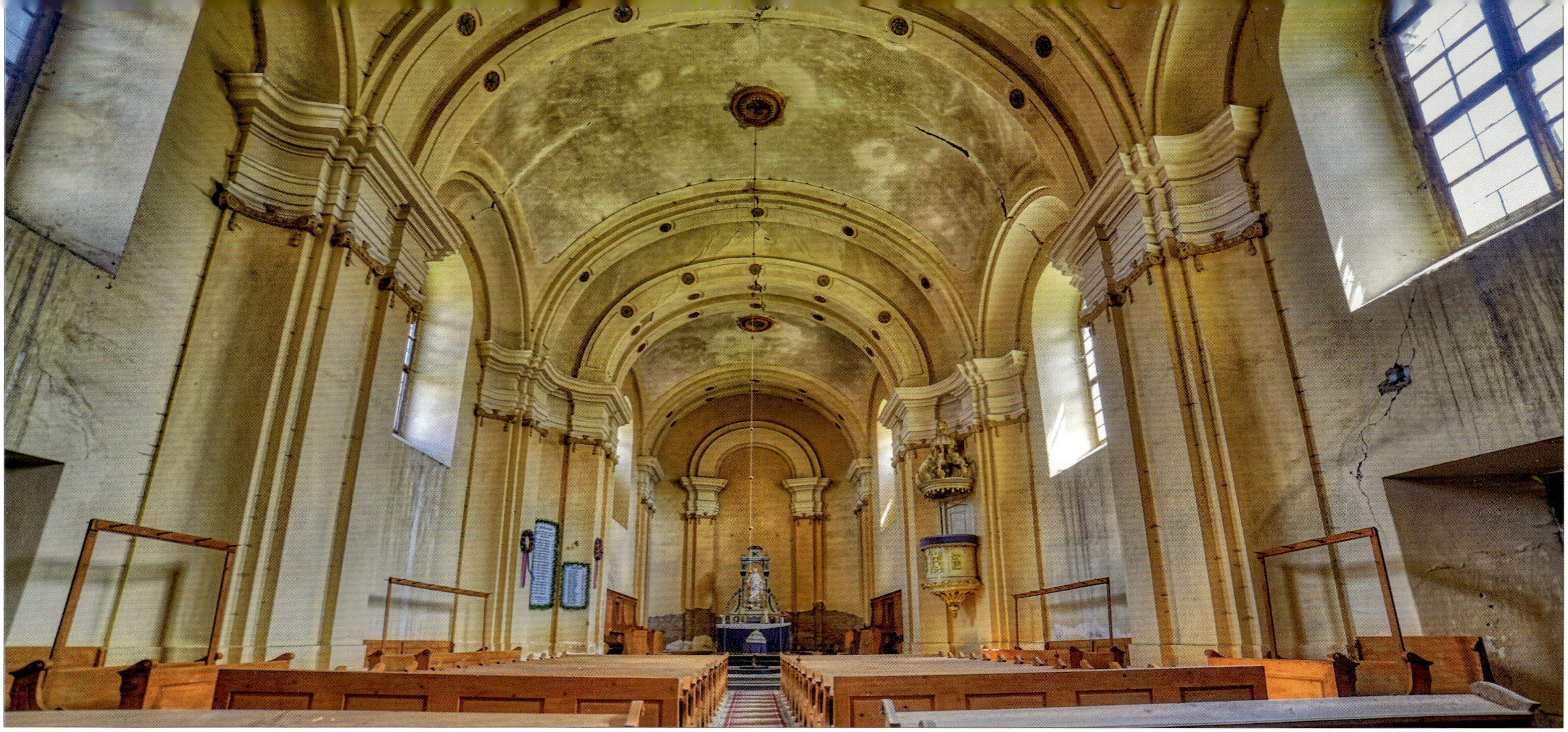

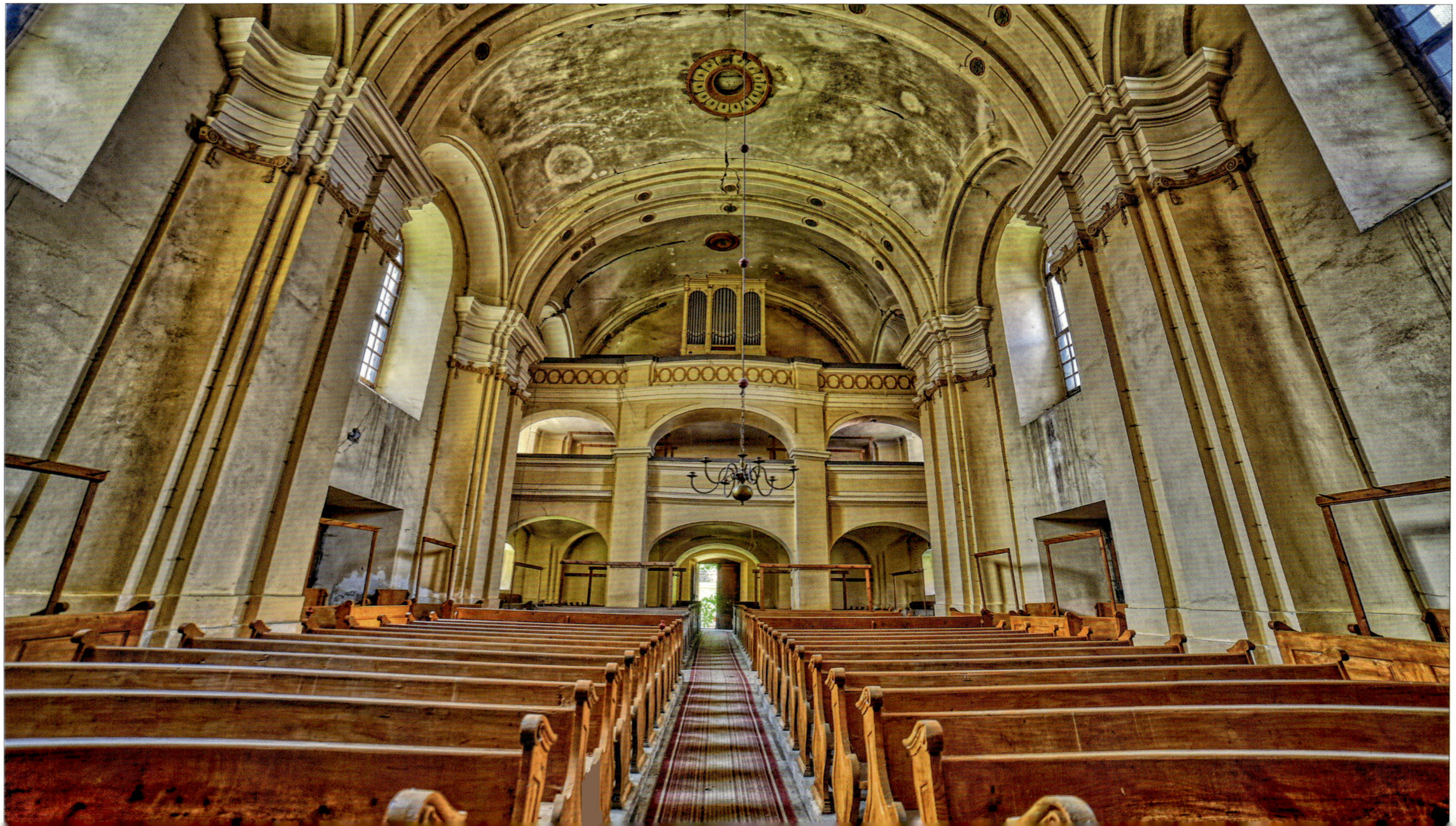

Arkeden Archita Erked Ärkeden

Damit unser Buch eine Rundtour wird, müssen wir einen großen Sprung machen: Auf der Straße von Schäßburg nach Kronstadt biegen wir beim Dorf Mureni links ab und holpern elf Kilometer nach Arkeden – von der Beschaffenheit zum Verwechseln ähnlich mit der Feldstraße nach Denndorf. Einziger Unterschied: Uns begleitet ein Eisenbahngleis, und was für eins: Wien–Budapest–Schäßburg–Bukarest!

Im Schiller Verlag ist ein ganzes (Heimat-)Buch über Arkeden erschienen: »Arkeden – Archita – Erked – Spiegelbilder siebenbürgischen Gemeindelebens früher und heute« von Brigitte Depner. Der Inhalt ist übertragbar auf die Entwicklung vieler siebenbürgisch-sächsischer Dörfer, und doch ist Arkeden etwas ganz Besonderes. Sicherlich hat auch die beschwerliche Zufahrt

dazu beigetragen, dass dieses Dorf wie aus der Zeit gefallen erscheint. Und wären da nicht die – nicht allzu vielen – Autos und Traktoren, könnte man die Zufahrtsschilder problemlos austauschen: »50 Jahre Zeitreise nach Arkeden – 11 Kilometer«. Dem Zauber ist auch Prinz Charles von Wales erlegen, der dort Häuser erworben hat und das Dorf häufig besucht – zweifellos ist es nach Deutsch-Weißkirch auf Platz 2 seiner siebenbürgischen Favoritenliste. Eine große Rolle spielt dabei wohl die Kirchenburg, deren Entwicklung auch beispielhaft ist, die aber nichtsdestotrotz einer der Höhepunkte der Bauernarchitektur ist.

Der erste Sakralbau war eine aus Stein gemauerte, romanische Pfeilerbasilika. Mit ihren drei Schiffen war sie doppelt so breit wie die heutige Kirche, dabei turmlos. Die Bauzeit wird auf die Zeit um 1300 datiert. Im Innern öffnete sich das Mittelschiff gegen die Seitenschiffe über vier Rundbogenarkaden. Das Mittelschiff hatte eine flache Holzdecke, der Chor ein Kreuzgewölbe, während die niedrigeren Seitenschiffe mit Kreuzrippengewölbe versehen waren. Der dreischiffige Bau lässt auf eine damals hohe Bevölkerungszahl schließen. Im 14. Jahrhundert wurde an ihrer Westseite ein Glockenturm gebaut.

Arkeden Archita Erked Arkeden

Gotisches Gewölbe

Im 15. Jahrhundert wurden viele gotische Elemente eingebaut. Dazu gehören das gotische Gewölbe über dem Mittelschiff und dem Chor sowie ein hoher, spätgotisch profilierter Triumphbogen. An der Nordseite wurde eine Sakristei mit fünf Metern Seitenlänge angebaut.

Um das Jahr 1500 waren erneut größere Renovierungsarbeiten notwendig. Den veränderten Bedürfnissen entsprechend wurde die Kirche zu einer Wehrkirche umgebaut.

Durch den Abbau der beiden Seitenschiffe entstand eine Saalkirche. Die Arkadenbögen wurden zugemauert (heute auf der Nordseite sichtbar), auf Strebepfeilern und Bögen wurden zwei Wehrgeschosse aufgebaut. Je ein Kranz von Schieß- und Pechscharten verlief bogenförmig um das Mittelschiff, den Chor und die Sakristei herum. Dadurch gewannen die äußeren Mauern gewaltig an Höhe.

Nachdem die Bevölkerungszahl wieder angestiegen war, wurde die Sakristei über eine Rundbogenöffnung dem Kirchenschiff angeschlossen und mit Bänken versehen. Das Nordschiff sieht dadurch einer Kreuzkirche ähnlich, bei der die Vierung fehlt.

Der Großbrand vom 29. August 1748 zerstörte das Schindeldach der Kirche und somit auch das gesamte Interieur. Die heutige Ausstattung stammt überwiegend aus der Zeit des Wiederaufbaus, der innerhalb von nur vier Jahren unter Pfarrer Martin Kelp von Sternburg vollzogen wurde. Das gotische Gewölbe wurde entfernt und durch ein Tonnengewölbe mit Stichkappe ersetzt. Es gelang ihm, zusätzliche Gelder für die Neuausstattung einzuwerben, was ihm erlaubte, die besten sieben-

Arkeden Archita Erked Árkeden

bürgischen Meister jener Zeit mit der Umsetzung zu beauftragen.

Bemerkenswert ist der Altar des bekannten Schäßburger Altarbauers Georgius Philippi im Stil des späten Barocks, wuchtig und ornamental reich verziert. 1752 geschaffen, zählt er zu seinen bedeutendsten und reifsten Arbeiten. Das große Mittelstück zeigt den gekreuzigten Jesus, in einem kleineren Mittelstück darüber den Auferstandenen mit Krone und Siegesfahne.

Im Jahr 1761 kam die barocke Kanzel dazu, ebenfalls von der Hand des Meisters Philippi aus Holz gefertigt. Der Kanzeldeckel ist reich verziert und trägt eine große Engelsfigur, deren einer Flügel gegenwärtig fehlt. Auch zwei vergoldete Engelsfiguren des Deckels sind in den letzten Jahren verschwunden.

Arkeden Archita Erked Arkeden

Das kelchförmige Taufbecken von 1749 besitzt einen hölzernen bemalten Unterbau mit achtseitigem Steinbecken darauf, das mit einem ebenfalls achteckigen Holzdeckel verschlossen wird. Den Knauf bildet eine graue Taube als Symbol für den heiligen Geist. Die erste Kleinorgel datiert von 1779.

Mätz-Orgel

Seit dem Jahr 1824 schmückt die Westempore die Orgel des berühmten Orgelbauers Samuel Joseph Mätz mit Manual, Pedal und zwölf klingenden Registern. Register und Spieltraktur sind mechanisch. Nach mehrmaligen Reparaturen ist sie heute noch spielbar. Beim Umbau zur Wehrkirche hatte auch der Glockenturm eine Änderung erfahren. Auf einem Erdgeschoss stehend, von Arkadenbögen umgeben und mit je einem Rundbogenfenster im Süden und Norden versehen, wurden Letztere zugemauert und der Turmfuß mit einem meterdicken gemauerten Steinmantel umgeben.

Seine vier Geschosse sind durch hölzerne Plattformen voneinander getrennt. Ende des 15. Jahrhunderts wurde mit dem Bau einer doppelten Ringmauer von rund sieben Metern Höhe die Schutzfunktion weiter erhöht. Früher waren es neun Türme; heute sind sieben davon erhalten. Bei der Renovierung von 1802 wurden der Wehrgang am inneren Ring abgebaut und die Schießscharten zugemauert.
Die Schlüssel sind bei Frau Garofița Tutu, Tel.: +40/762/976 400.

Arkeden Archita Erked Arkeden

Keisd Saschiz Szászkézd Kaisst

Wenn wir von Arkeden weiter zehn Kilometer nach Osten holpern würden, kämen wir zu einer hochinteressanten Kirchenburg, nämlich zu der von Dersch (Dârjiu / Székelyderzs), einer Konstruktion der Szekler (kleines Foto). Doch deren Burg sparen wir uns für einen eventuell späteren Bildband auf, kehren um zur Asphaltstraße und setzen dann unseren Zickzack-Rundkurs fort. Fünf Kilometer auf der Europastraße nach Südosten, und wir stoßen unweigerlich auf die unmittelbar an der Durchfahrtsstraße liegende Keisder

Kirchenburg, die stolz das Emblem »Unesco-Weltkulturerbe« trägt.
Heben wir den Blick, sehen wir im Westen auf einem Hügel über dem Dorf malerische Ruinen – doch dazu später. Ringsherum fallen zahlreiche renovierte Sachsenhäuser auf – Keisd hat eine rührige »Sommersachsenszene«.

Von dem Bering, der mit dem Glockenturm als Bergfried einst die Kirche umgab, ist heute nur noch wenig zu sehen, umso eindrucksvoller ist dafür die Gestaltung der Wehrkirche mit dem – heute geschlossenen – Wehrgang auf den massiven, hohen 22 Strebepfeilern. Es handelt sich hier nicht um eine Umgestaltung aus der Zeit um das Jahr 1500, wie das bei den meisten der in dieser Band-Reihe gezeigten Burgen der Fall ist, sondern um die komplette Neukonstruktion aus den Jahren 1493 bis 1525 anstelle einer romanischen Basilika. Die spätgotische Saalkirche – und das war damals alles andere als selbstverständlich – wurde mit Unterstützung von ganz oben errichtet: Es

Keisd Saschiz Szászkézd Kaisst

gab Hilfe beim Bau und Steuernachlässe. Zwischen 1503 und 1508 wurde ein päpstlicher Ablass erteilt, in diesem Zeitraum waren auch Einquartierungen und Proviantlieferungen an Soldaten Pflicht. 1521, so lesen wir in der Chronik bei Fabini, flossen 16 Gulden aus der Kasse der Hermannstädter Provinz in das Keisder Bauprojekt.
Gute zehn Meter von der Sakristei entfernt steht der prunkvolle Glockenturm, ein Quadrat mit 11,6 Metern Seitenlänge, seine Mauern sind über dem Boden beeindruckende drei Meter dick. Er besteht fast in seiner ganzen Höhe aus massivem Stein, stammt wohl aus dem 14. Jahrhundert oder wurde noch früher errichtet.
Oben besitzt er einen Gussschartenkranz und Schießscharten. Im Jahr 1677 oder 1678 wurde er um zwei wei-

tere Geschosse aufgestockt, der barocke Dachstuhl hatte wohl den Schäßburger Stundturm zum Vorbild.
Der Glockenturm musste viel erleiden, ab 1692 ist er dreimal abgebrannt, bevor er schließlich 1717 wieder aufgebaut wurde. Gegen Ende des 15. Jahrhunderts entstand auch in Keisd eine Ringmauer, aber es sind heute nur noch wenige Teile des Berings zu finden.
Im Inneren der Kirche steht ein Barockaltar aus dem Jahr 1735, die Barockkanzel datiert aus 1709, ebenso das Taufbecken.

Die Keisder Orgel stammt von Johann Prause aus Kronstadt und gilt als wertvolles Instrument des Barocks. Sehenswert ist auch das barocke Gestühl der Keisder Kirche.
Ein seltsames Schicksal erlitten die drei Glocken: 1791 fielen sie bei einem

Keisd Saschiz Szászkézd Kaisst

Keisd Saschiz Szászkézd Kaisst

Brand alle drei vom Turm, ohne zu zerbrechen!

Im 14. Jahrhundert wurde vermutlich die Bauernburg im Westen von Keisd erbaut, von der heute nur eine Ruine zu sehen ist. Es ist dorthin von der Kirche ein schöne, 20-minütige Wanderung, die mit einer herrlichen Aussicht belohnt wird. Aus groben Feldsteinen wurde ein Bering errichtet, den sechs Türme verstärken. Durch die Mauer entstand ein Burghof von 90 Meter Länge und über 50 Meter Breite. Ursprünglich war die Ringmauer im Mittel zehn Meter hoch und am Fuß bis zu zwei Meter dick.

Die sechs Türme wurden einst durch einen Wehrgang verbunden. Noch 1884 hat Bischof Friedrich Teutsch festgestellt, dass die Burg relativ gut erhalten sei.

Der Wächterturm beim Haupteingang hatte noch Butzenscheiben und einen Kachelofen.

Schlüssel sind bei Frau Dorothea Batea-Ziegler erhältlich, Tel.: +40/265/711 755 und +40/748/707 930, Hausnr. 497.

Keisd Saschiz Szászkézd Kaisst

Klosdorf Cloașterf Miklóstelke Kliisstref

Von Keisd ostwärts auf der Europastraße führt nach drei Kilometern eine kleine Straße zwei Kilometer weit bis nach Klosdorf. Das Dorf hat eine kleine, gut gepflegte und vor allem noch weitgehend komplette Kirchenburg zu bieten. Um 1500, diesem wichtigen Datum für die Wehrbarmachung der Kirchen in Siebenbürgen, war Klosdorf ein ansehnliches Dorf: 46 Wirte wohnten im Dorf, also Hofbesitzer, und mit dem üblichen Faktor 5 gerechnet ergibt das eine Bevölkerung von etwa 250 Menschen, 1532 waren es rund 300. Kirche und Kirchenburg, also der Bering, entstanden zur gleichen Zeit, etwa 1521 bis 1524. Der Kirche von Keisd war sie nicht unähnlich aber kleiner. Gleich breit sind Saal und Chor mit rund sechs Metern. Der Chor ist knapp sechs und der Saal elfeinhalb Meter

lang. Die steinernen Mauern werden von Pfeilern gestützt, die Saalkirche bekam schon während des Baus ein Wehrgeschoss mit Pechscharten zwischen den Strebepfeilern. Diese Etage über Chor und Schiff, befestigt und mit Fensteröffnungen, »defensive Plattform« genannt, gilt als Rarität unter den Kirchen Siebenbürgens. Völlig komplett ist die Klosdorfer Kirchenburg nicht, denn einst besaß sie vier Ecktürme. 1816 wurde der Torturm am Südwesteck abgetragen und an seiner Stelle der heutige viergeschossige Glockenturm errichtet. Daneben entstand die Burghüterwohnung (heute Museum).

Die Kirche besitzt einen einzigen Eingang im Westen, er hat eine eisenbeschlagene Eichentür und besaß laut Fabinis *Kirchenburgenatlas* früher ein Fallgatter. Der Eingang wurde von einer doppelten Pechscharte geschützt. In der Südwestecke des Kirchensaales befindet sich eine Wendeltreppe, die hinaus ins Wehrgeschoss führt.

Die Kirche besitzt einen Orgelaltar mit einem Unterbau von 1716, auf den im Jahr 1832 eine neue Orgel gesetzt wurde, gebaut von Friedrich und Wilhelm Mätz. Hinter der Orgel hat sich übrigens die vermutlich älteste Bauinschrift Siebenbürgens erhalten – im Jahr 1524 wurde der Bau der Kirche vollendet: »*1524 hec structura finita est per me Stephanu Ungar: Schesesbur*«.

Klosdorf Cloașterf Miklóstelke Klüsstref

Klosdorf Cloașterf Miklóstelke Kliisstref

Klosdorf Cloașterf Miklóstelke Kliisstref

Der Altar, ein Werk des Barocks, entstand 1716, und geht auf den Hermannstädter Maler Andreas Hermann zurück und stellt die Kreuzigung dar, in der Predella ist das Abendmahl zu sehen.
In der insgesamt sehr gut erhaltenen Kirche fällt die umlaufende dreiseitige Empore auf, die reich mit floralen Motiven geschmückt ist und mit Malereien anderer siebenbürgischer Kirchenburgen. In der Kirche befindet

Klosdorf Cloașterf Miklóstelke Kliisstref

sich auch ein barockes Gestühl, es hat sich seit 1532 erhalten. Auf anderen Gestühlen sind die Jahreszahlen 1688 und 1799 eingeschnitzt. Außen an der nordöstlichen Chorwand befindet sich ein kleines Sakramentsgebäude in Würfelform. Auf einem Wappenschild steht das Jahr 1521.

Die Schlüssel sind bei Familie Chercheș erhältlich, Tel.: +40/265/711 674 oder Tel.: +40/744/271 907, zu finden in dem Haus Nummer 99.

Klosdorf Cloașterf Miklóstelke Kliisstref

Deutsch-Kreuz   Criț   Szászkeresztúr   Kroiz

Nur einen Katzensprung weit im Osten von Klosdorf, etwa vier, fünf Kilometer entfernt, liegt Deutsch-Kreuz. Die Bewohner erzählen die Legende von einem Kreuz, das einst weithin sichtbar auf einer Bergnase gestanden haben soll. Begaben sich die Leute dorthin zum Gebet, so sagten sie: »Wir gehen zum Kreuz.« Darum wurde die dort entstehende Ortschaft schließlich »zum Kreuz« beziehungsweise »Kreuz« genannt. In älteren Quellen ist 1270 als Gründungsjahr erwähnt, sicher ist aber, dass Deutsch-Kreuz im Jahr 1322 erstmals urkundlich unter dem Namen Cruz als ein Besitz der Zisterzienserabtei aus dem südlich gelegenen Kerz (rum. Cârța, ung. Kerc/Kercz) am Alt erwähnt wird.

Die heutigen Deutsch-Kreuzer arbeiten vor allem in der Landwirtschaft oder in umliegenden Orten mit Industrie, zum Beispiel im 31 Kilometer entfernten Schäßburg.

Der Mihai-Eminescu-Trust, dessen Schirmherr lange Jahre der Prince of Wales war, hat einige Häuser im Dorf renoviert. Auch zeitweilig zurückkehrende sächsische Bewohner setzen sich für den Erhalt der alten Bausubstanz ein. Ständige Sachsen gibt es in Deutsch-Kreuz nur noch fünf – unter 645 Einwohnern.

1466 erwähnt eine Urkunde eine Kirche zum Hl. Kreuz, eine Malerei auf einem Gestühl aus dem 17. Jahrhundert zeigt sie möglicherweise: niedriger Chor, das Schiff überragt ihn ein wenig, über den Fenstern des Saales sind Mauerbögen. Im Westen schließt sich der Glockenturm mit Spitzhelm an. Eine Kirchenrechnung von 1810 belegt laut Fabini das Abtragen der alten Kirche, weil sie der immer größer werdenden Gemeinde nicht mehr ausreichend Platz bot. Einzig verblieben ist von ihr der kleine Eingang links neben dem Altar. Bis zum Jahr 1813 wurde das heutige Gotteshaus erbaut. Es handelt sich um eine großzügig angelegte Saalkirche mit zwei Jochen, überkrönt von sogenannten böhmischen Gewölben. Der Chor ist etwas schmäler als der Saal und trägt ein Segelgewölbe. Der im klassizistischen Stil gehaltene Glockenturm wurde zeitgleich in die Westfront eingebaut.

Beim Neubau der Kirche wurde auch die Anschaffung einer neuen Orgel notwendig. Sie wurde von Johann Thois im Jahre 1813 gebaut und 1822 zusammen mit dem Altarensemble verkleidet und auch vergoldet.

Knapp einhundert Jahre später, 1909, wurde sie von dem berühmten Kronstädter Orgelbauer Karl Einschenk renoviert und verändert. Wieder hielt die Orgel einhundert Jahre allen Wirren stand, war jedoch zuletzt nicht mehr bespielbar. Zahlreiche Bewunderer der Deutsch-Kreuzer Thois-Orgel fanden sich zusammen und sammelten Spenden, um das prinzipiell immer noch gute Pfeifenmaterial vor dem Verfall zu bewahren. Von der Michael-Schmidt-Stiftung kam der verbliebene Fehlbetrag hinzu, und so konnte schließlich 2012 die Honigberger Orgelwerkstatt die Restaurierungsarbeiten an der Orgel beginnen.

Deutsch-Kreuz Criț Szászkeresztúr Kroiz

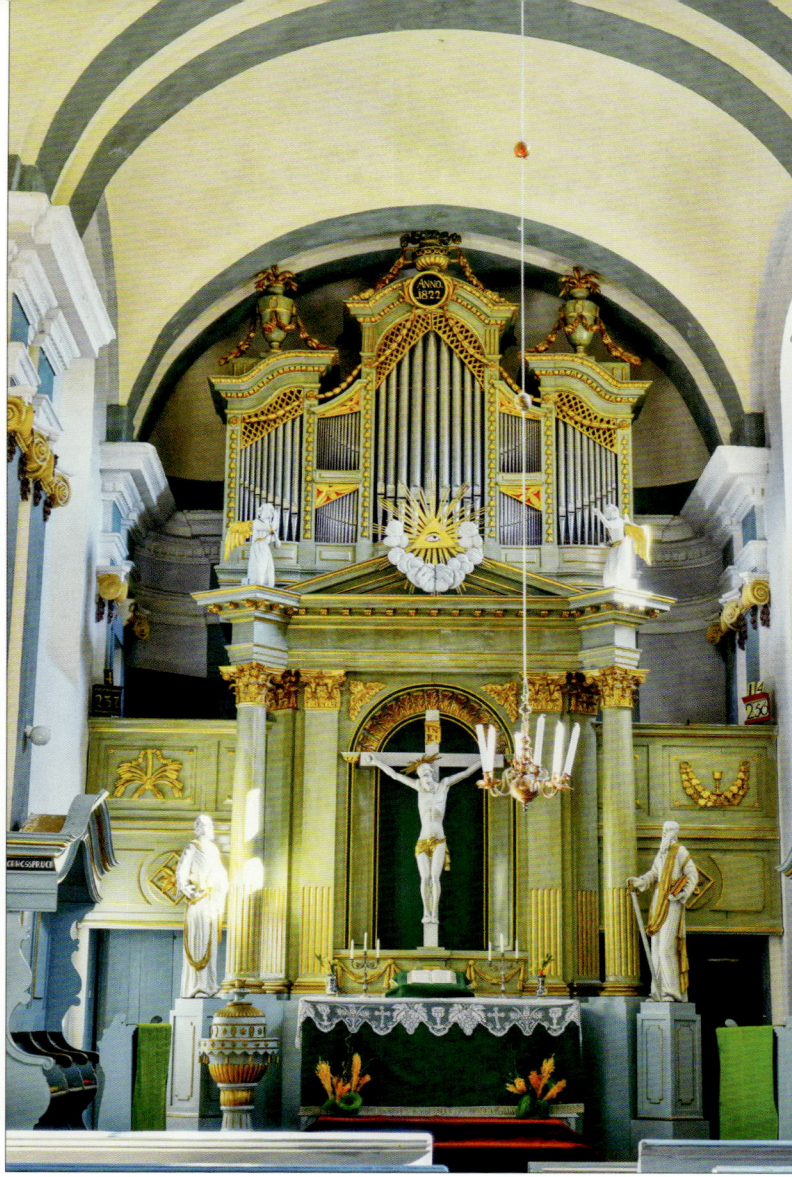

Mit dem Neubau der Kirche wurde zeitgleich ein neuer Altar eingebaut. Die Orgel bildet zusammen mit dem Altar ein Gesamtensemble, dessen Figuren aus blau-weiß gestrichenem Holz und in Gold gefasst sind. Der Altar weist klassizistische Stilelemente auf, im Mittelpunkt das Kruzifix, das von Holzsäulen flankiert ist. Seitlich des Altars befinden sich zwei Holzstatuen: Petrus, der symbolisch den Schlüssel zum Himmelreich in der Hand hält, und Paulus, der ein Schwert und ein Buch in den Händen trägt. Paulus, einer der größten Missionare des Christentums, ist durch das Buch als Prediger ausgewiesen. Das Schwert steht für sein Martyrium – er wurde der Legende nach kopfüber gekreuzigt. Über dem Altar prangt das Auge Gottes, daneben zwei Engel, einer mit einer Harfe, der andere mit ausgestreckter Hand.

Das Taufbecken (rechte Seite) ist mobil. Nur bei Taufen wird es in die Mitte gestellt. Ursprünglich gab es noch ein Metallgestell, woran sein Deckel befestigt war, der bei Taufen angehoben werden konnte. Im Deckel befindet sich eine Taube aus Holz, die den Heiligen Geist symbolisiert.

Die Ringmauer hat einen ovalen Grundriss und passt sich dem Geländerelief der Bergnase an. Bedingt durch die verschiedenen Geländehöhen variiert die Mauerhöhe zwischen fünf und acht Metern.

Die Türme sind teils zwei-, teils dreigeschossig mit Pyramiden- oder Pultdächern, ausgestattet mit Schießscharten, Pechnasen und Gusslöchern.

Jede Nachbarschaft hatte ihren Turm und den Wehrgang bis zum nächsten Turm zu verteidigen.

So kam es auch, dass Türme von den Dorfbewohnern die Bezeichnungen der jeweiligen Nachbarschaft bekamen (Neugässer Turm bzw. Schulturm, Auf-der-Au-Turm, Schwarzgässer Turm,

Deutsch-Kreuz Criț Szászkeresztúr Kroiz

Obergässer Turm). In Friedenszeiten waren diese auch für die Instandhaltung der Türme verantwortlich.

Von ursprünglich fünf sind heute nur noch vier Türme erhalten. Der Ostturm beim Haupteingang hieß Schulturm. Während einer Belagerung waren hier Pfarrer und Lehrer untergebracht. Zusätzlich diente der Schulturm auch als Raum für den Schulunterricht.

Die Einrichtung eines Schulzimmers innerhalb der Kirchenburg zeigt jedoch, dass auch in Kriegszeiten dem Bildungswesen eine große Bedeutung zuerkannt wurde. Der Schulturm wurde später von den Mitgliedern der Neugässer Nachbarschaft gepflegt und instandgehalten, da der Südturm (Neugässer Turm) 1925 einstürzte und nicht wieder aufgebaut wurde. Die Bewohner der Neugässer Nachbarschaft kümmerten sich daraufhin um den Auf-der-Au-Turm und um den Schulturm. Der Nordturm (Schwarzgässer Turm) stürzte 1955 ein, wurde aber 1957 in seiner ursprünglichen Form wieder aufgebaut.

Der Nordwestturm (der Obergässer Turm) diente später als Durchgang vom Pfarrhof zur Kirche. Der Westturm (Auf-der-Au-Turm) erhielt 1908 das Leichentor – groß genug für den Leichenwagen und ermöglichte damit eine nähere Verbindung zum auf dem oberen Hügel gelegenen Friedhof.

Die Schlüssel sind bei Herrn Dietmar Depner erhältlich, Tel.: +40/740/597 493.

Deutsch-Kreuz Crit Szászkeresztúr Kroiz

Meschendorf Meşendorf Mese Moischendref

Von Deutsch-Kreuz fahren wir nicht zurück zur Hauptstraße, sondern im Dorf nach Süden auf einer gut asphaltierten Straße nach Meschendorf, dessen Namen auch die Ceaușescu-Zeit, als möglichst alles Sächsische aus den Ortsnamen eliminiert wurde, überstanden hat: *Meşendorf* heißt es, die Aussprache klingt also identisch. Wir sind hier mitten im Haferland, der Region zwischen Schäßburg und Reps, in der ein relatives raues Klima herrscht und wo deswegen früher überproportional viel widerstandsfähiger Hafer angebaut wurde. Bekannt geworden ist die Region und vor allem ihr alter Name seit einigen Jahren durch die Kulturwoche Haferland, die jährlich mit vielen bunten und sehr unterschiedlichen Veranstaltungen in den Dörfern Tausende von Besuchern anlockt.

Meschendorf wird in dem Programm als das »unberührte Dorf« erwähnt inklusive Teufelsschlucht und Wasserbüffelfarm. Tatsächlich ist das Dorf, wie auf den Fotografien erkennbar, in einem weitgehend von der architektonischen Neuzeit unbehelligten Zustand. Den besonderen Reiz des sehr großzügig angelegten Dorfes machen die weiten Grünflächen zwischen den Häusern aus, die aus den Straßen grüne dörfliche Boulevards voller mächtiger alter Obstbäume werden lassen. Darum ist es hier auch im Frühjahr während der Obstbaumblüte am schönsten.

1289 erstmals urkundlich erwähnt, ist Meschendorf lange Jahre ebenfalls ein Besitztum der Kerzer Abtei. Erst 1474, als der ungarische König Matthias die Auflösung der Kerzer Abtei befiehlt,

Meschendorf Meşendorf Mese Moischendref

wechselt es in den Besitz der Marienkirche von Hermannstadt.

Mitten im Ort liegt die schöne Kirchenburg, die mit ihren renovierten Dächern einen vorbildlichen Eindruck macht – allen Unkenrufen über den Verfall des sächsischen Kulturerbes zum Trotz. Im 14. Jahrhundert wurde die Kirche als frühgotische Saalkirche errichtet, mit durch Strebepfeiler abgestützte Außenmauern und einem etwas schmäleren Chor. Über einem Tonnengewölbe entstand der Glockenturm, der um 1500 zu einem Wehrturm ausgebaut wurde mit einem Fachwerkgang und einem steilen Pyramidendach. Das Westportal wurde aus Sicherheitsgründen zugemauert, auch Saal und Chor

Meschendorf Meșendorf Mese Moischendref

bekamen ein Wehrgeschoss aufgesetzt, das auf auskragenden hölzernen Böcken ruht (Foto oben). Im Jahr 1817 musste das Gewölbe des Saales abgetragen werden, es verschwand dabei auch der Wehrgang, der zugemauert wurde, und die Kirche erhielt eine Balkendecke (Foto nächste Seite).
Der Chor dagegen wurde um 1900 mit einem Tonnengewölbe gedeckt, überspannt von Gurtbögen. Die Ringmauer wurde ebenfalls bei der Wehrbarmachung um 1500 errichtet, und zwar aus Sand- und Feldsteinen, wie wir bei Fabini lesen.
Der (heute frisch) überdachte Wehrgang wird von Hängeböcken getragen und besitzt Schießscharten, die teil-

Meschendorf Meşendorf Mese Moischendref

weise noch erhalten sind. Im südlichen Bereich entstanden zwei Wehrtürme. Der Bering besitzt immer noch seine Originalhöhe von fünf Metern, wurde also nie als Steinlieferant ausgebeutet, wie vielerorts etwa für den Schulhausbau.

Im 16. Jahrhundert kam sogar eine zweite Ringmauer hinzu, die heute noch drei Meter hoch die Kirche im Osten, Süden und Westen umgürtelt (kleineres Foto links auf der vorigen Seite) und einen Zwinger bildete. 1888 wurde ein Turm der inneren Ringmauer und ein Teil der äußeren Ringmauer abgebaut. 1958 verschwand auch der vorspringende Turm im Südosteck und die Ostseite der Ringmauer wegen Baufälligkeit.

Der Flügelaltar der Meschendorfer Kirche ist im Jahr 1653 einem noch

Meschendorf Meşendorf Mese Moischendref

älteren Vorbild nachgebaut worden. Die vier Altarbilder, welche die Köpfe der vier Evangelisten darstellen, hat der Hermannstädter Hans Hermann im Jahr 1923 gemalt. Sie ersetzten die zerstörten Flügelbilder. Die Orgel entstand einmal 1765 neu, geschaffen vom Hermannstädter Johannes Hahn, die heutige hat neun Register und ist aus dem Jahr 1914.

Laut einer Inschrift ist ein Teil der heutigen Empore (Foto links) im Jahr 1653 vom Tischlermeister Georg Philippi gebaut und vom Meschendorfer Petrus Orendt bemalt worden. Die Südempore, welche die Orgel trägt, stammt von 1765. Im Jahr 1914 wurden die Malereien der Emporen restauriert.

Schlüssel sind bei Frau Doina Scoica, Tel.: +40/740/903 744, zu finden im Haus mit der Nummer 102.

Meschendorf Meșendorf Mese Moischendref

Bodendorf Bunești Szászbuda Bodendref

Im Haferland reiht sich eine Kirchenburg an die andere. Zurück über Deutsch-Kreuz auf der Europastraße E60 und da drei Kilometer nach Osten, kommen wir nach Bodendorf, die Kirchenburg unübersehbar an der Durchgangsstraße gelegen. Eine Kirche wird im Jahr 1356 erstmals erwähnt, als vom Diebstahl einiger Urkunden aus eben dieser Kirche berichtet wird. Das Dorf selbst findet Erwähnung 1337, als in einer Urkunde laut Fabini »*Johanne*

et Petro filiis Stephani de Bode« auftauchen – also die Söhne des Stefans aus Bodendorf. Johann und Peter treffen wir acht Jahre später wieder: Sie gehörten zu den sächsischen Gräfen, die die Adelsbesitzungen Rauthal und Neudorf ausraubten. Bodendorf ist 1663 selbst Opfer von Plünderungen, Missetäter ist ein ungenannter Moldauer Fürst. Im Jahr 1884, als Bischof G.D. Teutsch zu einer Generalvisitation kommt, gibt es wenig Erfreuliches zu

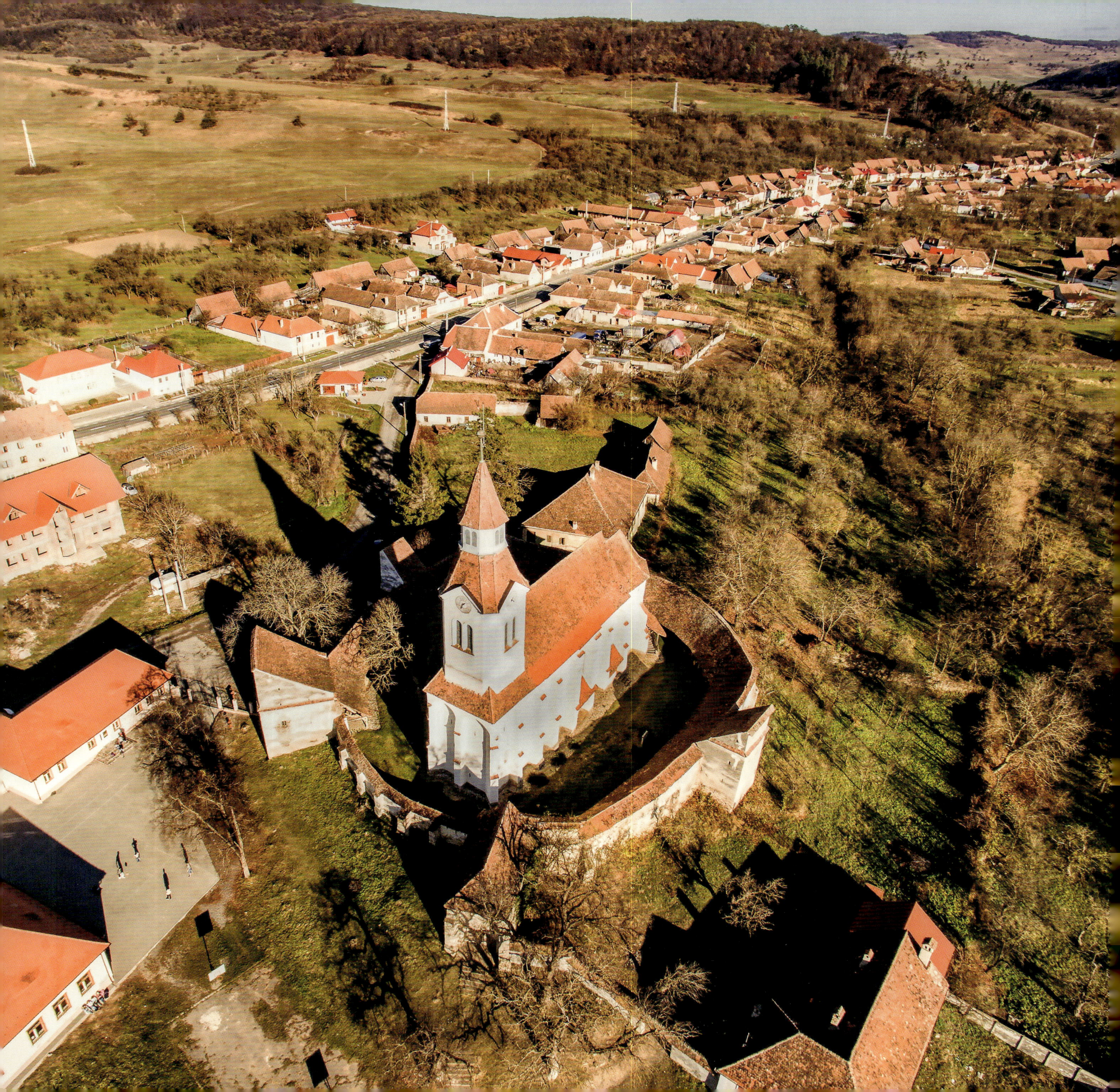

sehen: Laut Teutschs Bericht bietet die Gemeinde ein Bild des Unfriedens und des Verfalls. Relativ früh begann der Umbau der spätromanischen Pfeiler-basilika in einer Art Übergangsstil zur Gotik. Wesentlichste Veränderung war die Demontage der Seitenschiffe, und die Krönung des Chores sowie des Tur-mes mit zwei Wehrgeschossen. An der Außenwand sind heute die Arkaden-bögen zu sehen, die früher die Seiten-schiffe von dem Hauptschiff abtrenn-

Bodendorf Buneşti Szászbuda Bodendref

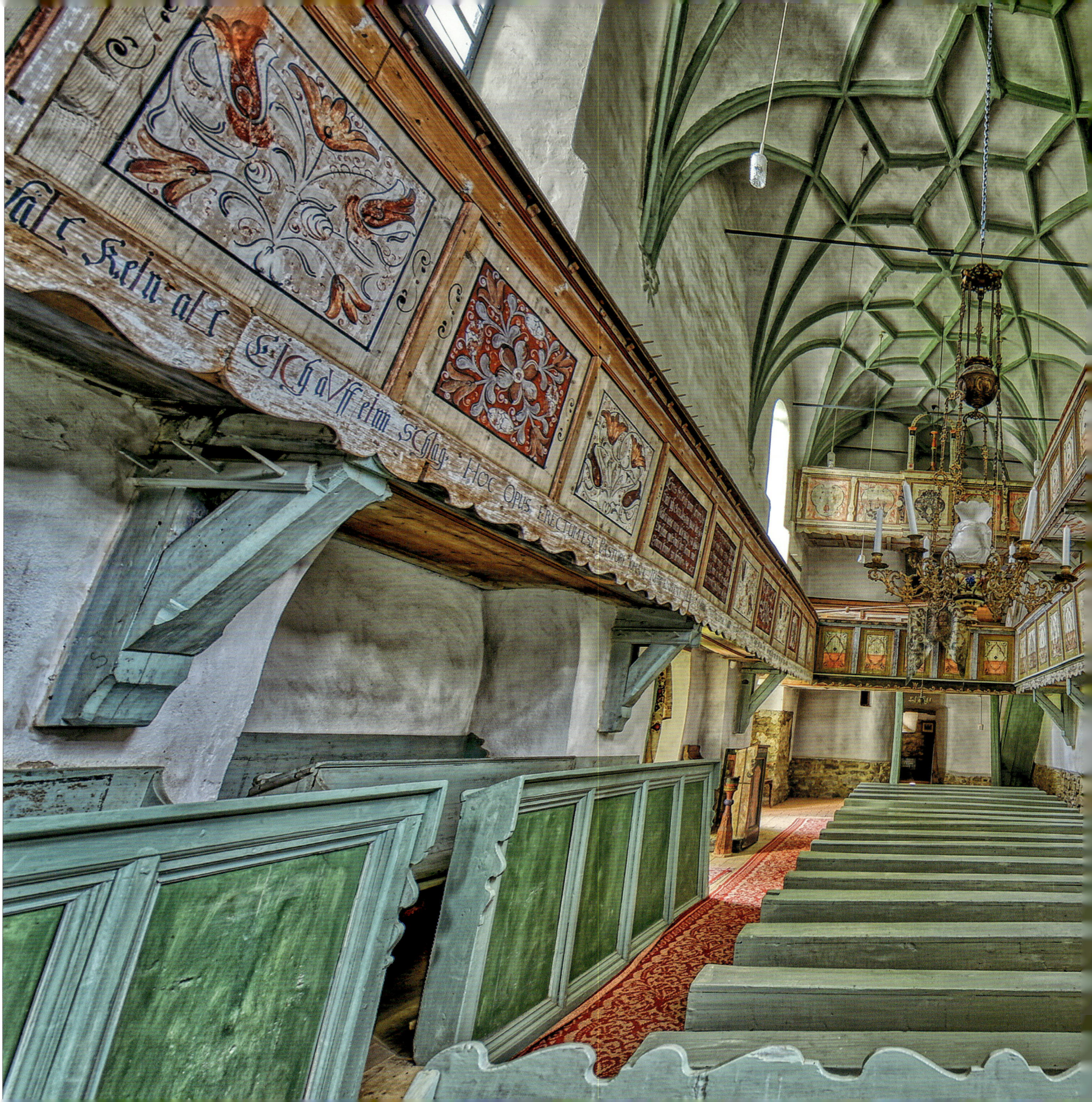
HOC OPUS ERECTUM EST

ten. Später, um 1500, bekam auch der etwas niedrigere Chor ein eigenes Wehrgeschoss mit einem hervorkragenden Gussschartenkranz. Heute ist vom Wehrgeschoss des Schiffes nichts mehr zu sehen. Der heutige Glockenturm wurde 1847 errichtet.

Ringmauer aus dem Jahr 1500

Der Bering hat seine weitgehend erhaltene Form um 1500 bekommen. Damals gab es im Dorf 68 Wirte, einen Schulmeister, drei Hirten und fünf Arme – also etwa 360 Bewohner.

Die Bodendörfer entscheiden sich bei ihrer Wehrmauer für eine Dicke von 1,5 Metern, in vier Metern Höhe bauten sie einen Absatz für den etwa einen Meter breiten Korridor des Wehrgangs. Einen einst bewohnbaren Turm mit Pultdach gibt es im Nordwesten in der Mauer. Weiter südlich schützte ein Turm mit überwölbter Einfahrt das Eingangstor. Weitere Türme mit Pultdächern gibt es im Süden und Nordosten.

Erst zu Beginn des 17. Jahrhundert wurde ein Zwinger an die Südseite der Ringmauer angebaut. Diese erhielt an der Innenseite über die gesamte Länge Getreidespeicher. Der Zwinger bestand aus einem von einer Mauer umgebenen Hof. Wenn die Angreifer in diesen hinein »gezwungen« wurden, war ein Zurückweichen nicht mehr möglich. Sie konnten dann leichter von den Wehrgeschossen aus unter Be-

Bodendorf Bunești Szászbuda Bodendref

schuss (Armbrust, Pfeil und Bogen) genommen werden.

Ein altes Meer

Ein Hinweis auf das Meer, das im Erdmittelalter auch Siebenbürgen bedeckte, ist das Baumaterial, aus dem die Bodendörfer Kirche errichtet ist: Es handelt sich um Meeressedimentgestein mit fossilen Einschlüssen.
Heute befindet sich die Kirche in einem hervorragenden Zustand, beeindruckend auch der wunderschön gepflegte Hof mit seinen prachtvollen Blumenbeeten. Das ist dem Kuratorenehepaar Wagner zu verdanken, das den Großteil seiner Freizeit der Pflege der Kirchenburg opfert.
An dieser Stelle eine persönliche Bitte: Niemals eine kleine Spende vergessen, oft bittet das Kuratorenehepaar auch in anderen Kirchenburgen nicht ausdrücklich darum.
Der Altar, der sich heute im Chorraum der Bodendörfer Kirche befindet, stammt aus dem Jahre 1805. Über ihm ist der Orgelprospekt eingebaut, der ein Wandfries mit Engeln in byzantinischem Stil verbirgt, das nach der Reformation allerdings mit Putz überdeckt worden war.

Kostbarer Kelch

Aus der Bodendörfer Kirche stammt ein kostbarer silberner Abendmahlskelch, der in der ersten Hälfte des 15. Jahrhunderts in einer Kronstädter Werkstatt entstanden ist. Das Taufbecken aus Stein trägt die Jahreszahl 1658.
Über der Nordempore wurde im Jahr 1808 eine neue, größere Empore gesetzt.
Die drei Geschosse des Westturms wurden 1847 mit einem kleinen Glockenturm überhöht und auf der Nordseite der Kirche, wo Anfang des 16. Jahrhun-

Bodendorf Bunești Szászbuda Bodendref

MAGISTER OPERIS FUIT IOHA

derts die alte Sakristei abgetragen worden war, entstand eine neue Sakristei. Die Kirche wurde 1856, 1946 und 1966 renoviert.

In den Jahren 2010 bis 2014 wurde eine gute halbe Million Euro aus EU-Geldern investiert im Rahmen des Projekts »18 Kirchenburgen«. Das Ergebnis kann sich sehen lassen, die Kirche ist ein Vorzeigeobjekt!
Schlüssel sind bei Familie Wagner erhältlich, Tel.: +40/268/248 702, Hausnr. 14.

Bodendorf Bunești Szászbuda Bodendref

Radeln Roadeș Rádos Rodeln Rårlen

Wieder nach Osten geht die Fahrt, nach kurzer Strecke weist ein Schild nach links nach Radeln. Abgelegen wie es ist, verdankt Radeln seine Bekanntheit dem in Kronstadt geborenen Sänger Peter Maffay, der dort in unter anderem von der Evangelischen Kirche A. B. erworbenen Gebäuden wie dem Pfarrhof im Jahr 2009 einen Zweig seines Kinderhilfswerks *Tabaluga* eingerichtet hat. Jährlich verbringen dort rund 300 Kinder und Jugendliche aus

Radeln Roadeş   Rádos   Rodeln   Rårlen

Deutschland und Spanien, aber auch aus Rumänien selbst therapeutische Ferien.

Auch aus einem anderen, traurigeren Grund ist Radeln in die Schlagzeilen geraten: Ähnlich wie nur fünf Tage später in Rothbach im Burzenland ist am 14. Februar 2016 der Turm der Kirchenburg zumindest teilweise in sich zusammengefallen. Nun schützt ein Blechdach die Turmruine, Rettungsmaßnahmen sind bereits im konkreten Planungsstadium, Geld soll auch aus Bukarest kommen.

Wie links zu sehen ist, handelt es sich um eine weitgehend komplett erhaltene Kirchenburg – bis auf den Turm. Die Substanz der Kirche geht auf eine Basilika aus dem 14. Jahrhundert zurück, im 15. Jahrhundert hat sie wohl einige Modifikationen erfahren. Der Glockenturm wurde ebenfalls um diese Zeit teilweise abgetragen, aber nur, um ihn mit dickeren Mauern widerstandsfähiger gegen Angreifer werden zu lassen. Er wurde auf fünf Stockwerke erhöht und bekam einen hölzernen Wehrgang aufgesetzt. Auch die Wände des Kirchensaales wuchsen um gut zwei Meter und erhielten ebenfalls einen Wehrgang, ähnlich dem 7,3x5 Meter messenden Chor. Um diese Zeit baute man auch die Sakristei an der Nordseite des Chores. Auf der bemalten Tür steht die Jahreszahl 1526. Im 19. Jahrhundert wurden die Wehrgänge abgebaut.

Der ovale Bering wird durch fünf hervorstehende Türme geschützt (wobei der Südwestturm an der Ecke zum Zwinger etwa 1882 abgetragen

Radeln Roadeș Rádos Rodeln Rarlen

wurde). Im Süden ist die gut erhaltene Ringmauer verdoppelt, die innere besitzt noch einen Wehrgang, der auf sogenannten Hängeböcken ruht. Der Nordwest-Turm, auch Pfarrturm genannt, zeigt sich in gutem Erhaltungszustand. Im Nordosten der Kirchenburgmauer steht das Torgebäude mit eisenbewehrten Torflügeln. In der zweiten Ringmauer, die den Zwinger bildet, befindet sich der Südturm.

Ähnlich wie in Schweischer ist das kostbarste Stück der Radler Kirchenburg dort nicht mehr zu bewundern: Der bedeutende, 1533 geschaffene Flügelaltar steht heute in der Johanniskirche in Hermannstadt. Er gehört zu den besterhaltenen vorreformatorischen Altären Siebenbürgens, urteilt Hermann Fabini in seinem *Kirchenburgenatlas*. Es gibt stilistische Ähnlichkeiten mit Werken von Veit Stoss. Die Tafeln zeigen Szenen aus dem Leben Johannes des Täufers und aus der Passion Christi. Die gemauerte Kanzel mit ihrem Barockbaldachin wird auf 1715 geschätzt, das Kirchengestühl stammt aus dem 18. Jahrhundert und wurde 1826 zum Teil erneuert. Die heutige Orgel, 1844 vergoldet, erbaute der Kronstädter Petrus Schneider 1838.

Schlüssel sind bei Frau Kati Fitsch, Tel.: +40/757/663 242, Haus Nr.175.

Radeln Roadeș Rádos Rodeln Rårlen

Schweischer Fişer Sövénység Schwaescher

Zurück aus Radeln an der Europastraße biegen wir links ab nach Osten und erreichen nach nur drei Kilometern Schweischer. Viel berichtet die Chronik nicht über das kleine Dorf: Um 1500 lebten dort 49 Wirte (also circa 250 Familienmitglieder inklusive Hofbesitzer), ein Schulmeister und drei Hirten. Im Jahre 1605 verwüstet ein moldauisch-türkisches Heer, angeführt von dem Woiwoden Simon, das Dorf und die kleine Kirchenburg.

Im 15. Jahrhundert bauten die Schweischer eine turmlose Saalkirche, 18 Meter lang, der Chor mit 8,5 Metern und der Saal mit 9,5 Metern fast gleich lang. Der Chor ist 5 Meter breit, das Schiff 6,5 Meter.

Etwa 75 Jahre nach der Erbauung wird die Kirche wehrbar gemacht, sie bekommt zwei Wehrgeschosse über dem Kirchensaal, der obere mit Wehrgang. Eine Tür an der Südseite ist aus massivem Eichenholz, mit Eisenbändern beschlagen und mit zwei Schießscharten versehen. Heute ist von alledem nichts mehr zu sehen, 1894 wurden die Wehrgeschosse abgetragen. Der heutige Glockenturm stammt von 1862 und wurde an einer Stelle in die Ringmauer integriert, wo es vermutlich schon früher einen gab.

Der Bering ist ein unregelmäßiges Oval, teilweise ist die Mauer doppelt, schreibt Fabini. Die innere ist zwischen vier und sechs Metern hoch. Der Nordturm besitzt eine Seitenlänge von sieben Metern, der Ostturm ist vor der Ringmauer platziert und elf Meter hoch. Teile der Befestigung wurden in der Gegenwart abgetragen.

Im Innenraum befinden sich die von Samuel Mätz 1825 gebaute Orgel sowie ein Gestühl, das Sakramentshaus und das Taufbecken aus dem 16. Jahrhundert. Der besonders wertvolle spätgotische Altar aus dem 16. Jahrhundert wurde im Jahre 1998 gestohlen, später wieder aufgefunden und zur Sicherheit in die Johanniskirche nach Hermannstadt gebracht. Nun gibt es vor Ort nur ein Abbild davon auf Leinwand zu sehen (Foto unten rechte Seite).

Im 19. Jahrhundert bot die mit bäuerlicher Blumendekoration verzierte Empore aus dem 17. Jahrhundert nicht mehr ausreichend Platz für die stark anwachsende Gemeinde. Darüber entstand eine zusätzliche, die sich bis zum Chor zieht und dort noch durch eine untere Etage ergänzt wurde.

Das Kuratorenehepaar Morgen (Tel.: +40/268/260 136) ist im letzten Haus (Nummer 75) vor der Auffahrt zur Roma-Siedlung zu finden. Sie haben auch die Schlüssel für die Kirche. Die beiden Fotos des Innenraumes stellte uns der HOG-Vorsitzende Werner Helwig dankenswerterweise zur Verfügung.

Schweischer Fişer Sövénység Schwaescher

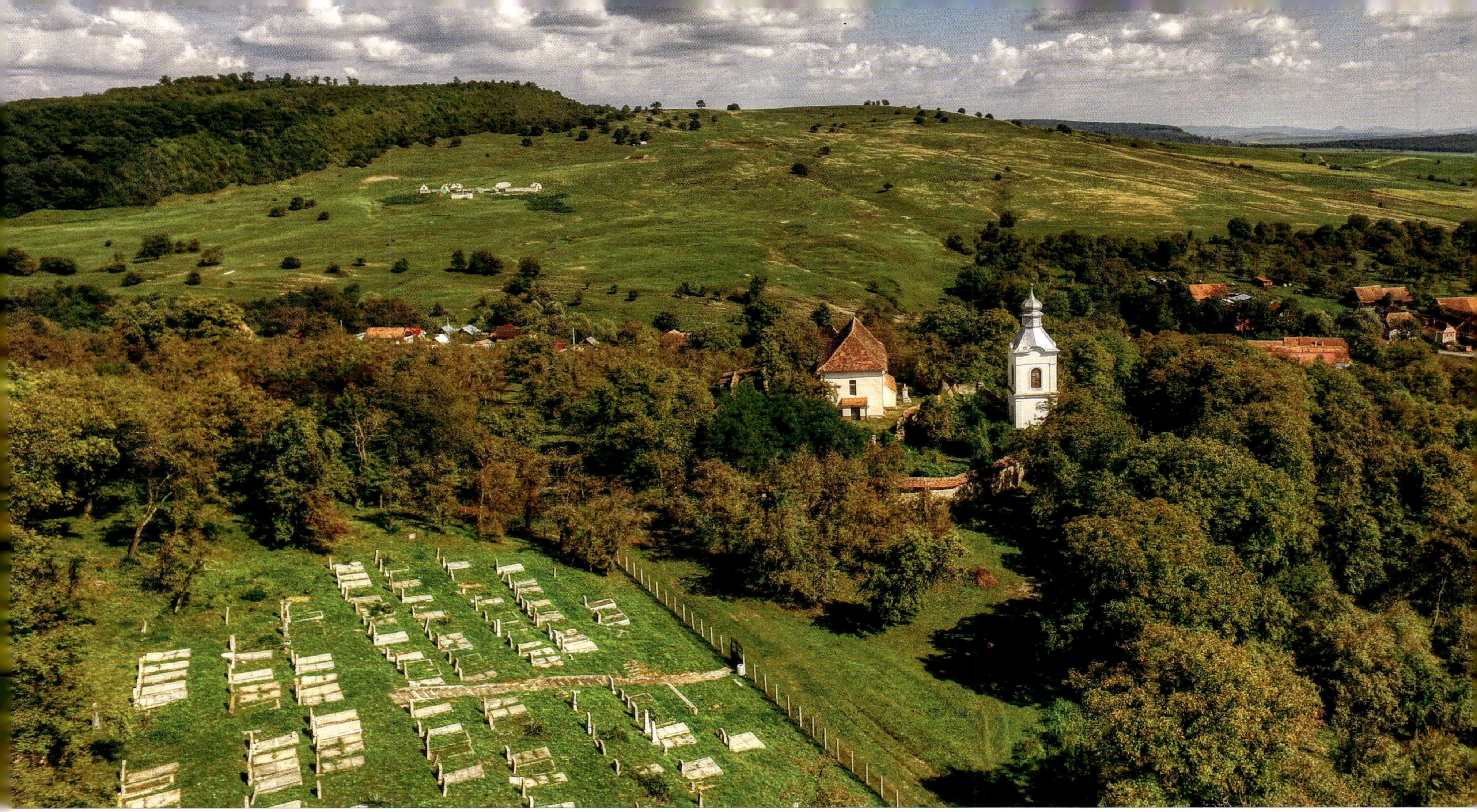

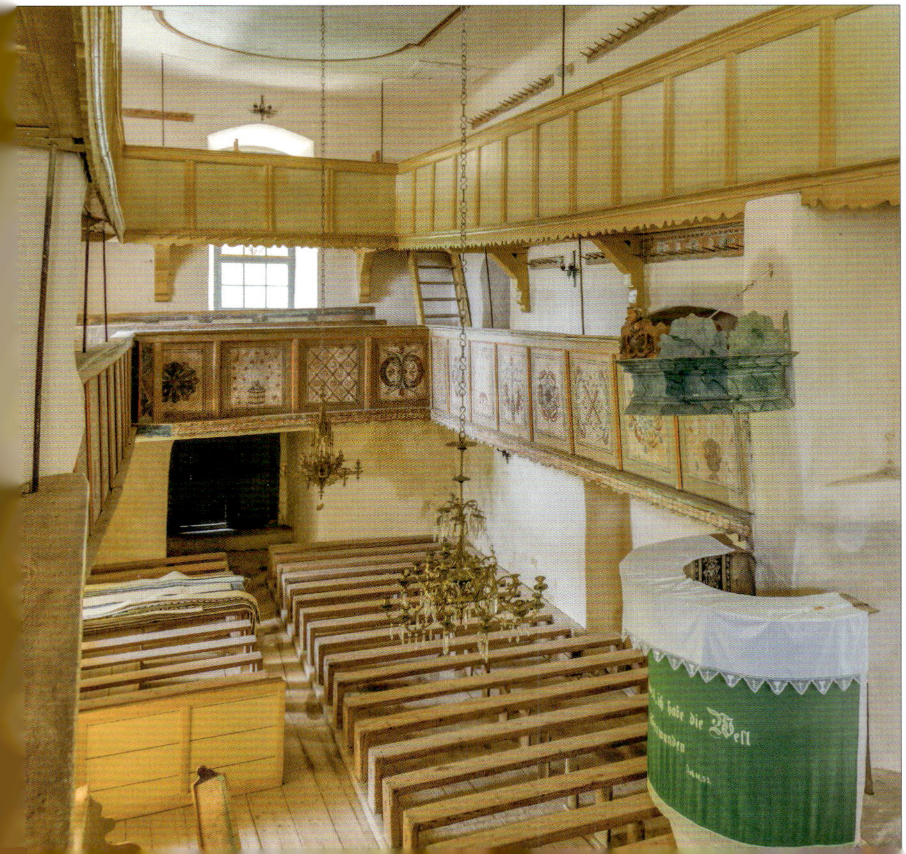

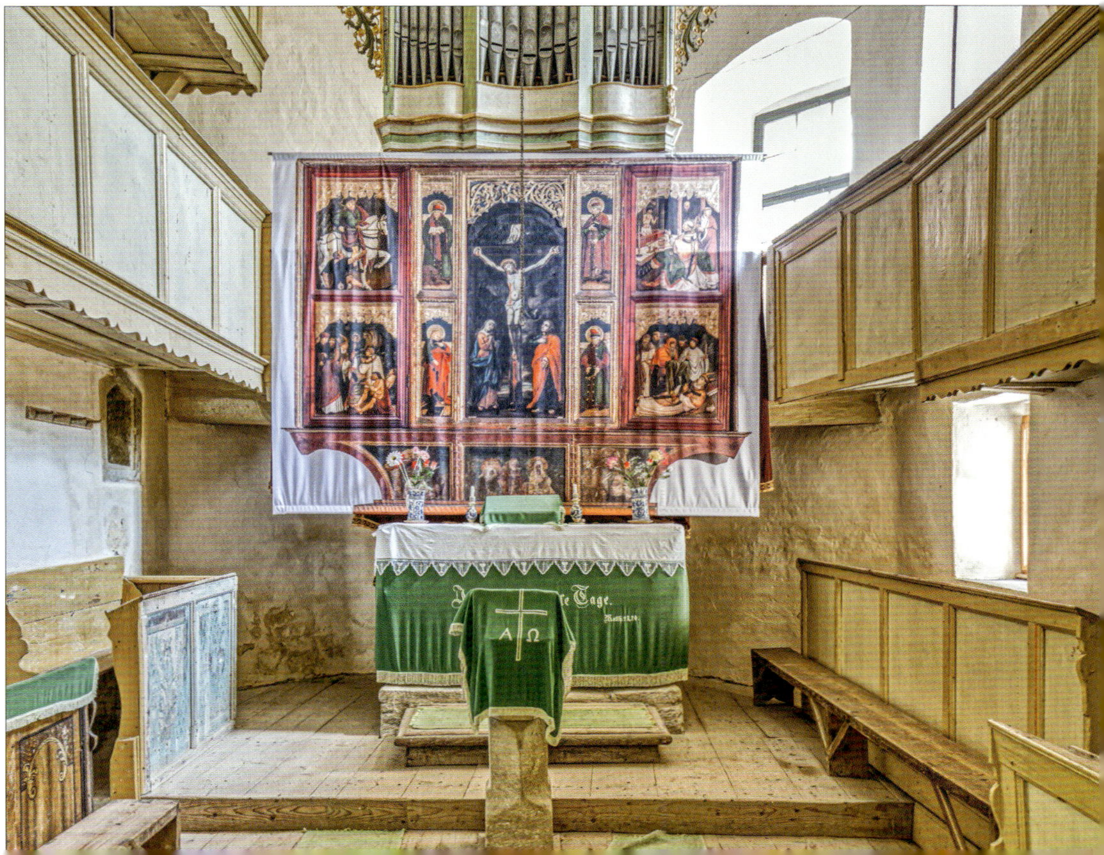

Deutsch-Weißkirch   Viscri   Szászfehéregyháza   Weisskirich

Nun fahren wir zur Abwechslung auf der Europastraße nach Westen, zurück bis Bodendorf, und dort nach links nach Deutsch-Weißkirch. Unser Ziel ist zweifellos eines der bekanntesten kleinen sächsischen Dörfer. Es hat eine großartige Kirchenburg, doch seinen außerordentlichen Bekanntheitsgrad, ja Berühmtheit verdankt es in erster Linie Prinz Charles von Wales und Caroline Fernolend. Während der eine als langjähriger Schirmherr des Mihai-Eminescu-Trusts wirkte, einer Stiftung, die sich der aufwändigen und fachgerechten Renovierung von alter Bausubstanz widmet, erwies sich Caroline Fernolend viele Jahre lang als überaus geschickte Managerin und Förderin ihres Dorfes, das allgemein als Musterbeispiel vorbildlicher Wiederherstellung der alten sächsischen Bauernhöfe gilt.

Weißkirch, um 1400 zum ersten Mal erwähnt, hatte 1500 etwa 260 Einwohner. Die Chronik berichtet in erster Linie von Hattertstreitigkeiten (Grenzkonflikte) mit dem nördlichen Bodendorf und dem südlichen Stein (Dacia). Und von einem Brand wird berichtet, der 1638 großen Schaden angerichtet hat. Die Weißkirchner Kirche geht auf eine kleine turmlose Saalkirche zurück, die Szekler zu Anfang des 12. Jahrhunderts an der Stelle erreichten, wo heute die Kirchenburg steht. Etwa um 1185 haben sächsische Kolonisten das Kirchlein übernommen und im Laufe vieler Jahre allmählich völlig umgebaut. Zuerst wurde die Apsis im Osten abgetragen und ein Chor angebaut. Zu Beginn des 16. Jahrhunderts verlängerten die Weißkirchner den Kirchensaal, bis er den bis dahin frei stehenden Turm erreichte. Er misst nach dem Umbau 8,3x8,8 Meter und hat 2,3 Meter dicke Mauern. Obenauf baute man ein fünftes Geschoss für den Wehrgang und darauf noch ein sechstes mit kleinen Schießscharten unter dem Pyramidendach. Das Wehrgeschoss der Kirche ist heute nicht mehr vorhanden – man baute es 1743 ab. Die Fenster wurden zugemauert oder vergrößert.

Um die Kirche entstand bereits im 13. Jahrhundert eine Mauer, die heutige Außenmauer ist aus dem 18. Jahrhundert, die zwar Lücken hat im Nordosten und Südosten, sonst aber gut erhalten ist, wenn auch von geringer Höhe. Die innere Hauptmauer ist bis zu sieben Meter hoch und wurde im 17. Jahrhundert mit einer Armada von Kampfhäusern, Wehrtürmen und Wehrgängen aufgerüstet. Alles ist noch weitgehend vorhanden, lediglich der Wehrgang musste im 18. Jahrhundert überdachten Gaden (Scheunen) für die Kornkästen der Dorfbewohner weichen.

Die Ostbastei hat drei Geschosse und einen Wehrgang unter dem Walmdach, der im 19. Jahrhundert abgetragen, jedoch bei der Restaurierung in den Jahren 1970 und 1971 wiederhergestellt wurde.

Der Torturm verfügt ebenfalls über drei Wehrgeschosse mit einem Wehrgang im obersten, ebenso die Südbastei.

Deutsch-Weißkirch Viscri Szászfehéregyháza Weisskirich

Der Nordturm hat drei Geschosse, der Westturm außerhalb der Mauer ebenfalls, im Obergeschoss war die Pfarrerwohnung.

Die Kirche besitzt einen klassizistischen Altar, der eine Kindersegnung zeigt, eine Arbeit des Repsers J. Pankratz aus dem 19. Jahrhundert. Obenauf wurde 1817 eine neue Orgel des Rosenauers Johann Thois installiert. Bis dahin funktionierte die alte von 1732. Älter ist das vorhandene Kirchengestühl im Stil siebenbürgisch-sächsischer Möbel, nämlich von 1795 (und teilweise aus dem Jahr 1833).

Die gemauerte Barockkanzel wird auf 1791 datiert, ältestes Objekt in der Kirche ist der Taufstein, der aus einem Würfelkapitell der romanischen Kirche aus dem 13. Jahrhundert angefertigt wurde. Die Kirchenburg gehört zum Unesco-Weltkulturerbe. *Besichtigung: Frau Gerhild Gross, Tel.: +40/742/077 506 oder +40/742/069 477*

Deutsch-Weißkirch Viscri Szászfehéregyháza Weisskirich

Stein Dacia Garát Schtän

Stein Dacia Garát Schtän

Nach Süden fahren wir von Deutsch-Weißkirch auf einer asphaltfreien, doch trotzdem – oder gerade deshalb – beinahe schlaglochfreien, recht guten Straße etwa sechs Kilometer in ehemaliges Feindesland. Inzwischen ist der jahrhundertelange Hattertstreit wohl beigelegt, aber zumindest was den Bekanntheitsgrad angeht, hat die nördlichere Gemeinde klar gewonnen.

Stein ist nämlich ziemlich unbekannt, und auch die Kirchenburg mutet auf den ersten Blick bescheiden an, wie sie sich so nahtlos in die Häuserfront integriert, statt erhaben auf einem Hügel zu thronen.

Stein ist eine Sachsengründung aus dem 12. Jahrhundert, 1309 erstmals offiziell urkundlich erwähnt. Um 1500 gab es etwa 270 Einwohner, ab 1488 ist

67

eine sächsische Schule in dem Dorf dokumentiert. Auf dem Foto ist die heutige Schule zu sehen, die in das Viereck der (dort mitsamt dem Südwestturm abgetragenen) Kirchenburgmauer eingebaut wurde.
1910 lebten 1244 Menschen in Stein, zum größten Teil Siebenbürger Sachsen.

Stein Dacia Garát Schtän

Dann ging es rapide abwärts: 1940 gab es nur deren noch 712, im Jahr 2009, zwanzig Jahre nach der sogenannten Revolution, zählte die sächsische Kirchengemeinde ganze 13 Seelen. Und heute dürften es noch weniger sein.
Übrigens wurde Stein auf Rumänisch bis 1931 Ștena genannt, dann wurde es durch das patriotischere Dacia ersetzt. Immerhin seltsam, ein solch prominenter Name für so ein kleines Dorf …
Die Steiner Kirche geht auf eine dreischiffige romanische Basilika zurück, errichtet in der zweiten Hälfte des 13. Jahrhunderts. Um 1500 wurde die Kirche befestigt, dafür mussten die

Seitenschiffe weichen, die Arkaden des Mittelschiffs wurden zugemauert. Der Chor bekam einen Wehrgang aufgesetzt. Im Jahr 1517 wurde die einfache Balkendecke des Mittelschiffs durch ein kunstvolles Tonnengewölbe ersetzt, dekoriert mit einem sternförmigen Tonrippennetz, wie es Fabini beschreibt. Ins Mittelschiff und in den Chor wurden gotische Spitzbogenfenster eingebaut. Eine Verlängerung erfuhr die Kirche im Jahr 1845. Nun betrugen ihre Maße 38,5 Meter mal 10,8 Meter. Das Wehrgeschoss hatte ausgedient und wurde abgetragen. Schwer hatte es der Steiner Kirchturm: Im Jahr 1738 brachte hn ein Erdbeben zum Einsturz, erst 1763 entstand er neu. Doch es währte nicht lange, und 1802 wurde ihm erneut ein Erdbeben zum Verhängnis. Der heutige Turm entstand in den Jahren 1842 bis 1848. Der Bering entstand im 15. Jahrhundert als unregelmäßiges Viereck mit

Stein Dacia Garát Schtän

erstaunlichen Ausmaßen: Die Nordmauer ist 64 Meter lang, die Südseite 70 Meter, die Ostseite 67,5 Meter und die Westseite 73 Meter (jeweils gemessen ohne die heutigen Unterbrechungen durch Schule und Gemeindesaal). Es ist wahrscheinlich bei diesen Ausmaßen, dass sich zwischen Bering und Kirche noch eine zweite Ringmauer befunden hat. Die viereckigen Ecktürme haben eine Seitenlänge von 4,5 Metern, der Nordturm war 7,5 Meter breit.

Heute noch gibt es in der Mitte der Nordmauer eine hervorstehende Bastei mit Resten von Pechnasen, ein Zwilling hat vermutlich auch die Mitte der Südmauer geschützt. Bei Wikipedia gibt es interessante Details: »Die Bewaffnung so einer bäuerlichen Wehrkirche belegt ein Steiner Dokument aus dem Jahr 1750: ›6 Doppelhacken (lange Hacken), zwei metallene Mörserchen, ein metallen Stück oder Feldschlange, vier Radbüchsen sowie Steine, Wurfgeschosse, Pfeil und Bogen, siedendes Pech und Wasser sowie alle zum Zuhauen brauchbaren Geräte des Bauernhofes‹«.

Die Kirchenburg hatte sich übrigens als höchst nützlich erwiesen: Als 1658 türkische Truppen das Dorf zerstörten, konnten sich die Steiner in die Kirchenburg flüchten und so zumindest ihr nacktes Leben retten beziehungsweise der Verschleppung in die Sklaverei entgehen.

Stein Dacia Garát Schtän

Maßgeblich wird der Innenraum durch das schön akzentuierte Tonnengewölbe geprägt.

Der klassizistische Altar mit einem Kruzifix im Zentrum, eingerahmt von korinthischen Säulen und zwei Holzplastiken schuf Michael Wolff aus Schäßburg 1815. Ausgemalt wurde er erst zwanzig Jahre später vom Wiener Josef Lob.

Stilistische Ähnlichkeiten zum Altar lässt das Taufbecken erkennen, dass allerdings bereits 1745 datiert ist. Über dem Altar ist die aus dem gleichen Jahr – also 1815 – stammende Orgel aufgebaut. Sie hat zehn Register und ist ein Werk des Kronstädter Orgelbauers Andreas Eitel. Sie wurde unter anderem im Jahr 1928 von dem bekannten Karl Einschenk restauriert, 1986 kümmerte sich der Orgelfachmann Hermann Binder um die Orgel, 2002 gab es Marderschäden zu beheben. In den Quellen wird übrigens auch eine Barockorgel im Jahr 1743 erwähnt, die der Birthälmer Georgius Wachsmann aufgestellt haben soll.

Sehenswert ist auch ein spätgotisches Gestühl mit kunstvollen Einlegearbeiten und Flachrelief aus der Werkstatt des Schäßburger Kunsthandwerkers Johannes Reichmut.

Den aktuellen Schlüsselverwalter kann man beim Landeskonsistorium Kronstadt/Brașov erfragen (Tel.:+40-268/476 978)

Stein Dacia Garát Schtän

Reps Rupea Kőhalom Räpess

Von Stein sieben Kilometer nach Osten, und schon weit vor der Einmündung in die Europastraße schiebt sich die imposante Repser Burg auf ihrem 121 Meter hohen Basalthügel ins Blickfeld. Im Jahre 1324 wurde sie erstmals erwähnt, muss aber damals schon gut ausgebaut gewesen sein, weil Aufständische sie zum Zentrum ihres Widerstandes machten, schreibt Fabini sinngemäß in seinem *Kirchenburgenatlas*. 100 Jahre später, 1418 wird in den Quellen erwähnt, die Burg sei schon seit längerer Zeit zerstört. Laut anderen Quellen waren es im Jahr 1421 die türkischen Soldaten, die die Burg dem Erdboden gleichmachten. Da sie damals von tatsächlich großer strategischer Bedeutung war, wurde sie natürlich bald wieder aufgebaut.

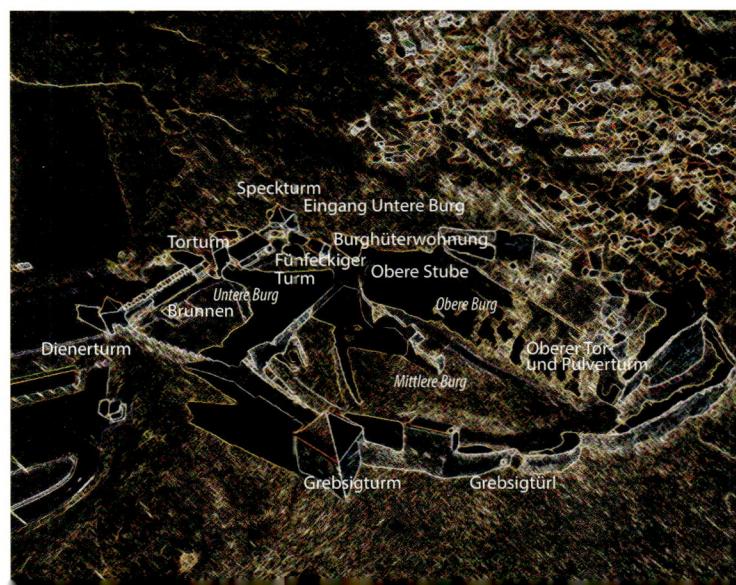

Reps Rupea Köhalom Räpess

Erst nach 1800 wurden wesentliche Teile demontiert, zum Beispiel der obere Torturm und der Speckturm, Grebsigturm und andere. Bald war sie nur noch eine Ruine. Das ist bisher auch der Wissensstand bei Wikipedia: »1790 zerstörte ein Unwetter die Wehrgänge und die Dächer, sodass diese verfielen. 1954 wurden einige Mauern restauriert, und heute [sic!] stehen die Burgreste unter Denkmalschutz.« Anders als etwa die Marienburg wurde sie aufgrund der reichen Quellenlage zu Beginn des 21. Jahrhunderts rekonstruiert.

Am 15. Juni 2013 wurde die Repser Burg im Kreis Kronstadt nach umfassenden Sanierungsarbeiten mit einer großen Feier eröffnet.

Gleichzeitig wurde auch die touristische Infrastruktur mit EU-Geldern ausgebaut. Wie in der *Allgemeinen Deutschen Zeitung* aus Bukarest vom 10. November 2010 zu lesen war, waren nicht alle glücklich über die Restaurierungsarbeiten: »Bernd Wagner nimmt kein Blatt vor den Mund: »Die bauen dort riesige Wege, so groß wie eine Autobahn und erst der Parkplatz, wie bei Carrefour!« Der Heldsdorfer Tischler ist wütend und wird auch im weiteren Gespräch nicht ruhiger. Ursache sind die umfassenden Bauarbeiten, die im Zuge der Sanierung an den Ruinen der Burg über Reps stattfinden. Diese Arbeiten an dem alten Gemäuer,

Reps Rupea Kőhalom Räpess

das im Jahr 1324 als Castrum Kuholm das erste Mal urkundlich erwähnt wurde, überhaupt als Sanierung zu bezeichnen, geht ihm gegen den Strich: »Die Firma hat überhaupt keine Ahnung von der Sanierung solcher Kulturdenkmäler. Die machen die Mauern mit Zement kaputt, indem sie überall Zementmilch reinspritzen. Zement! In eine über tausend Jahre alte Burg!« Offensichtlich soll die Ruine nahezu vollständig wiederaufgebaut und als touristisches Ziel erschlossen werden.

Auf der Bautafel erfährt man, dass die Arbeiten eine »Sanierung und Ausweitung der touristischen Infrastruktur in der Stadt Reps« zum Ziel haben. Insgesamt sollen dafür 30,82 Millionen Lei (7,18 Millionen Euro) ausgegeben werden. Davon kommen der Großteil – gut 20,2 Millionen Lei (4,7 Millionen Euro) – als Fördermittel über das REGIO-Programm der EU, 3,1 Millionen Lei (722 500 Euro) sind Mittel aus dem Staatshaushalt und weitere 7,5 Millionen Lei bezahlen die Stadt Reps (Rupea) und die umliegenden Gemeinden selber.

Bernd Wagner steht mit seiner Kritik nicht allein, hat er doch einige Gleichgesinnte um sich geschart, die auch einen Internetauftritt betreiben, bei dem sich 89 Unterstützer eingetragen haben.

Alle haben Angst, dass am Ende der Bauarbeiten die Burgruine aufgebaut und zwar touristisch nutzbar ist, aber die Einmaligkeit der Anlage vollständig verloren und »wegbetoniert« ist.

Reps Rupea Kőhalom Räpess

Galt Ungra Ugra Goalt

Etwa sieben Kilometer südöstlich finden wir am rechten Altufer das abseits gelegene langgezogene Straßendorf Galt, erreichbar über eine Asphaltstraße, die von der Europastraße in Reps-Bahnhof (etwa vier Kilometer östlich von Reps) nach Süden führt. Wir durchfahren Galt fast in seiner ganzen Länge, bis ein Weg nach rechts zu einem Plateau mit der Kirchenburg führt. Der Ursprung Galts war wohl das Castrum Noilgiant, das 1211 in der Verleihungsurkunde des ungarischen Königs Andreas II. erwähnt wurde, in der er das Burzenland dem Deutschen Ritterorden gab. Näher am heutigen Namen ist eine Urkunde von 1319, die einen Jacobus erwähnt, dessen Bruder Georgius de Gald war. Die Geschichte hat es nicht sonderlich gut mit Galt gemeint, das, klein wie es war, des öfteren zerstört wurde: Um 1500 lebten etwa 160 Menschen in Galt, 1658 zerstörten es türkische Truppen und schleppten

die Einwohner fort. 1662 gab es wieder 70 Familien, 1704 wurde das Dorf von Kuruzzen geplündert, 1719 starben 187 Galter an der Pest.
Die Galter Kirche soll ursprünglich im 13. Jahrhundert als römische Basilika aus roten Basaltquadern des römischen Kastells aus Hoghiz errichtet worden sein. Um 1500 wurden die Seitenschiffe abgetragen, die Arkadenbögen zugemauert. Erhalten geblieben sind von der Basilika der quadratische Chor mit Apsis, der romanische Triumphbogen zwischen Chor und Schiff sowie das wieder freigelegte romanische Westportal. Es war zugemauert worden, als am Westende der Kirche ein Wehr- und Glockenturm errichtet wurde. Dieser musste 1843 abgebaut werden, weil die Erdbeben von 1802 und 1829 ihn nachhaltig beschädigt hatten. Als

Galt Ungra Ugra Goalt

Galt Ungra Ugra Goalt

Galt Ungra Ugra Goalt

1658 türkische Soldaten Galt angriffen, half den Bewohner die Kirchenburg nicht – sie wurde mit Hilfe von Feuer und Rauch erobert, die Kirche zerstört wie das gesamte Dorf. Bis 1702 wurde sie notdürftig von einem Strohdach bedeckt, erst danach gab es hölzerne Schindeln.

Der Bering stammt vermutlich aus verschiedenen Epochen. Der Kirchenburg-Experte Hermann Fabini vermutet, dass der Mauerteil im Osten zwischen Torturm und dem fünfeckigen Turm aus dem 13. Jahrhundert stammen könnte, während der restliche Bering mit dem Südwestturm stückweise zwischen dem 15. und 17. Jahrhundert entstanden ist.

Der barocke Altar der Galter Kirche ist ein Werk aus der Endzeit des 18. Jahrhunderts. Rechts ist an der Nordwand des Schiffes ein Kreuzigungsbild zu sehen, das von einem älteren Altar aus dem 16. Jahrhundert stammt. Die Orgel war ursprünglich ebenfalls barock, wurde aber nach Deutsch-Tekes gebracht. Die heutige klassizistische Orgel des Kronstädters Heinrich Maywald ist nicht mehr spielbar, Teile sind zerbrochen und es nisten Vögel darin. *Den aktuellen Schlüsselverwalter kann man beim Landeskonsistorium Kronstadt erfragen (Tel.: +40-268/476 978).*

Galt Ungra Ugra Goalt

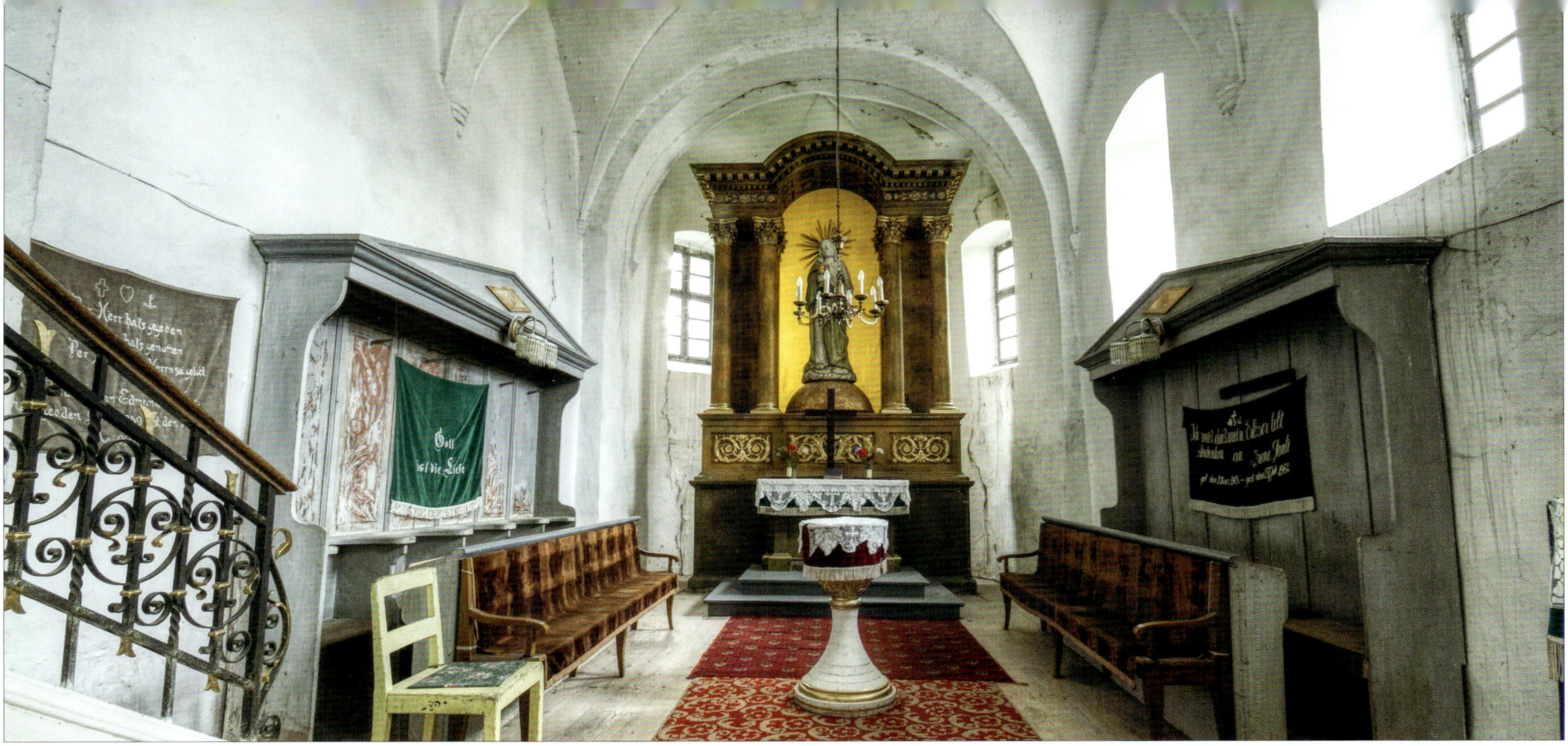
Gott ist die Liebe

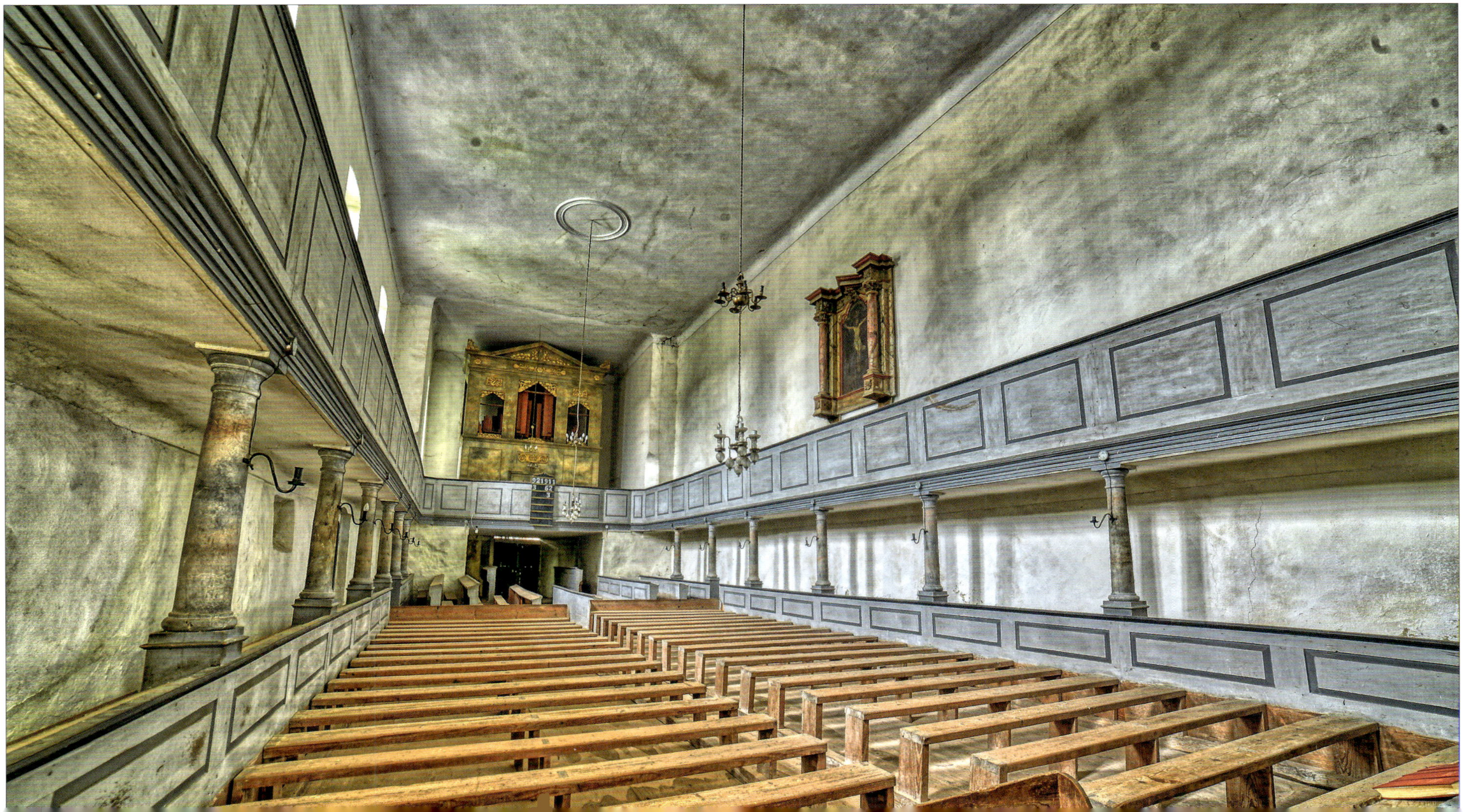

Hamruden Homorod Homoród Ham(e)ruîden

Wir kehren um zur Europastraße und überqueren sie: Unser Ziel ist das fünf Kilometer nördlich von Reps-Bahnhof gelegene Hamruden. Um 1400 taucht die Siedlung erstmals in Urkunden auf. Um 1500 hatte Hamruden etwa 330 Bewohner, 1653 waren es bereits um die 650 Seelen.

Wir gehen an der Südseite der gewaltigen Kirchenburg im Ortszentrum mit einem der mächtigsten Wehrtürme Siebenbürgens vorbei zum nahen Haus von Frau Morton (auf dem Foto auf der Seite rechts ist es das letzte Haus in der unteren Zeile), die nicht

nur den Schlüssel zur Burg hat, sondern diese auch hegt und pflegt, was in jeder Ecke des Hofes zu sehen ist.
Für den Turm wurde beim Ausbau der Kirche zur Wehrkirche im 15. Jahrhundert der kleine Chor geopfert. Er war Bestandteil der römischen Basilika aus dem 13. Jahrhundert. Aus dieser Zeit stammt auch der Turm über dem Westende des Kirchensaales.
Dem neuen quadratischen Turm haben die Hamruder eine Seitenlänge von elf Metern gegeben, seine Mauern sind im Erdgeschoss sage und schreibe drei Meter dick und oben noch deren zwei. Das zweite Turmgeschoss (von acht) erhielt ein Kreuzgewölbe, die Wände langgezogene Schießscharten, unter dem Pyramidendach thront ein hölzerner Wehrgang (der 1788 wiederhergestellt wurde). Als Ausgleich

Hamruden Homorod Homoród Ham(e)ruiden

für den verloren gegangen Chor (der Triumphbogen wurde auch zugemauert) bekam die Kirche einen neuen Chor, der aus Platzgründen nach Süden ausgerichtet war. Umgeben wird die Kirche von zwei Mauern. Die äußere war (und ist) turmlos, sie umschloss den Zwinger, der in Fällen einer Belagerung das Vieh aufnahm. Im 19. Jahrhundert wurde der Ostteil der äußeren Ringmauer abgetragen, an ihrer Stelle bauten die Hamruder ihre Schule. Um 1899 musste auch der Nordostturm der inneren Kirchenburgmauer weichen: Dort entstand eine neue Schule. Geblieben sind die innere Mauer mit einer Höhe zwischen acht und neun Metern, zwei Ecktürme mit nach innen geneigten Pultdächern, es sind noch zwei Abtrittserker (vulgo: Aborterker) zu sehen. Ob sie ein Element des Ver-

Hamruden Homorod Homoród Ham(e)ruiden

teidigungssystems sind, ist nicht überliefert. Im Nordwesten befindet sich an der Ecke der inneren Ringmauer der zehn Meter hohe fünfeckige Turm mit einem Wehrgang und einem mit Schindeln gedeckten Pyramidendach, erbaut 1657. Im Westen des inneren Berings ist ein kleines sogenanntes Scharwachttürmchen zu sehen, das einen halben Meter aus der Mauer heraussteht.
Auf der Nord- und der Ostseite der inneren Mauer sind noch Wehrgänge erhalten.

Nach einem Brand erhielt die Kirche ab dem Jahr 1792 ihre schöne spätbarocke Ausstattung mit der bemalten Flachdecke und den dekorierten Emporen. Ein ganz besonderes Stück ist der reich verzierte Orgelaltar. Das Orgelprospekt schmücken Laubwerk

Hamruden Homorod Homoród Ham(e)ruiden

und vier Engelsfiguren. Gebaut hat die Orgel 1793 Johannes Prause, wie die Orgeldatei der Evangelischen Kirche A. B. berichtet. Sie ist spielbar, im Juni 2018 hat die Organistin Ursula Philippi sicherheitshalber einen elektrischen Marderschreck in der Orgel aufgestellt. Fabini nennt übrigens Andreas Eitel aus Kronstadt als den Erbauer der Orgel. Das Hauptbild des Altars zeigt eine Kreuzigung. Darüber findet sich in einer Inschrift die Jahreszahl 1793. Das Gestühl wird auf 1793 datiert ebenso das mit einem Lesepult verbundene Taufbecken. Neueren Datums ist der hölzerne Opferstock von 1819.

Die bedeutenden Fragmente der Wandmalereien im ehemaligen Chor zeigen Darstellungen aus verschiedenen Epochen von 1270 bis ins späte Mittelalter.

Die Schlüssel für die Kirchenburg Hamruden sind bei Familie Marton, Tel: +40/268/286 609.

Hamruden Homorod Homoród Ham(e)ruiden

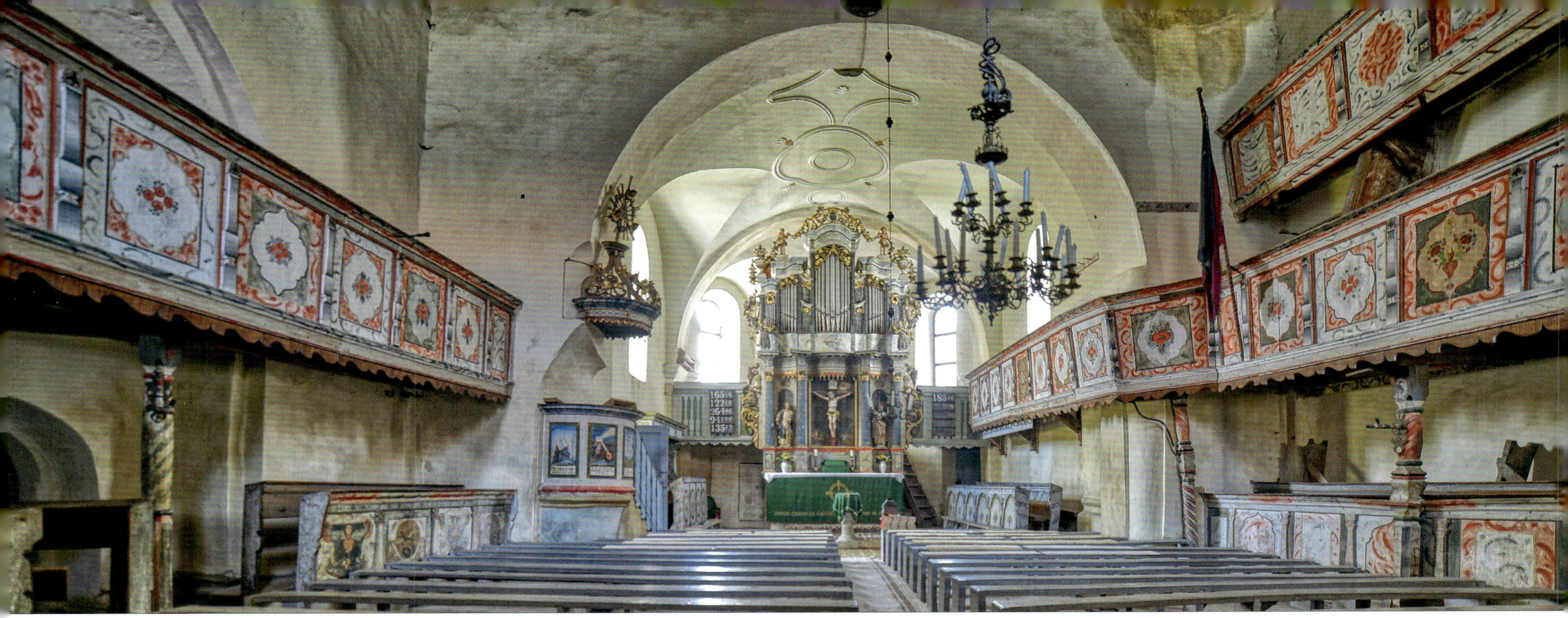

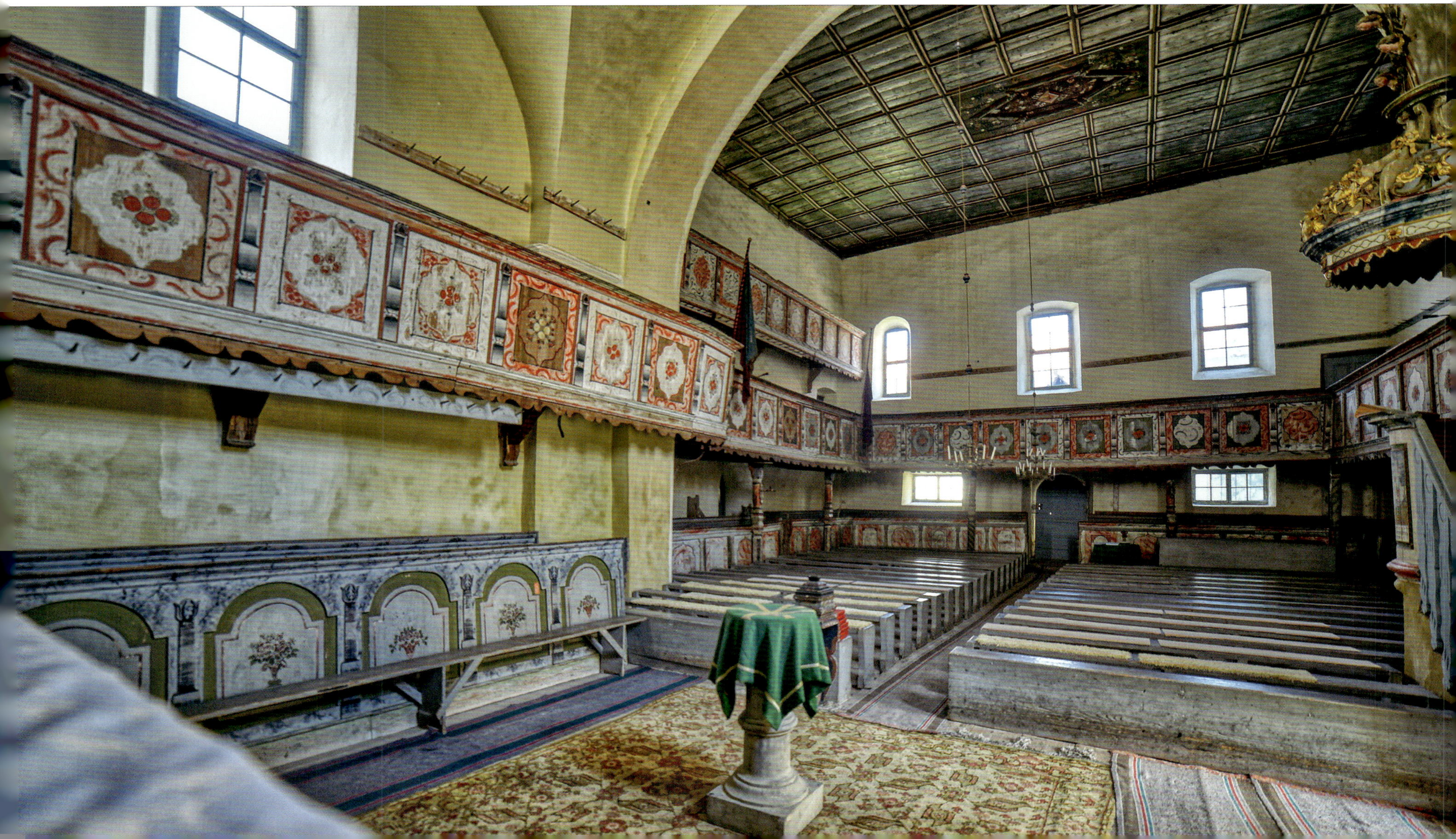

Streitfort Mercheaşa Mirkvásár Schtretfert

Wir fahren in Hamruden nach Norden, und am Ortsrand nach dem Bahnübergang kommen wir an eine Kreuzung von drei Straßen: In jede Richtung weisen Schilder mit der Aufschrift *Biserică fortificată* (=Kirchenburg). Wir wählen den Nordostast und kommen nach ewig langen sechs Kilometern auf einer Straße mit einer Rekordanzahl von allertiefsten Schlaglöchern (Herbst 2018) nach Streitfort. Mitten im Dorf steht das Rechteck der Kirchenburg.

Stristfordia wird um 1400 erstmals in einer Urkunde als Bestandteil des Repser Kapitels erwähnt. Um 1500 wohnten in Streitfort 40 Wirte (also 40 Familien, etwa 200 Menschen), ein Schulmeister, ein Müller, drei Hirten und zwei Arme. Einen herben Verlust musste Streitfort hinnehmen, als im Jahr 1719 258 Menschen an der Pest starben, 1836 und 1848 wüteten Cholera-Epidemien, 1864 starben 26 Kinder an Masern.

Im Jahr 1751 zerstörte ein Großbrand 84 Häuser, lediglich deren 20 blieben erhalten.

Römische Basilika

Von der romanischen Basilika aus dem 13. Jahrhundert sind das kleine Chorquadrat und das Mittelschiff noch vorhanden. Die Seitenschiffe sind im 15. Jahrhundert abgetragen worden, und nach dem Zumauern der Arkaden gab es dort nun eine Saalkirche mit einer Dimension von 25 mal 5,7 Metern.

In einem kleinen Häuschen an der Apsis war der Blasebalg untergebracht, im Norden wurde eine Sakristei angebaut. Der Glockenturm entstand in den Jahren 1848 bis 1858 anstelle eines Wehrturms, der eingestürzt war.

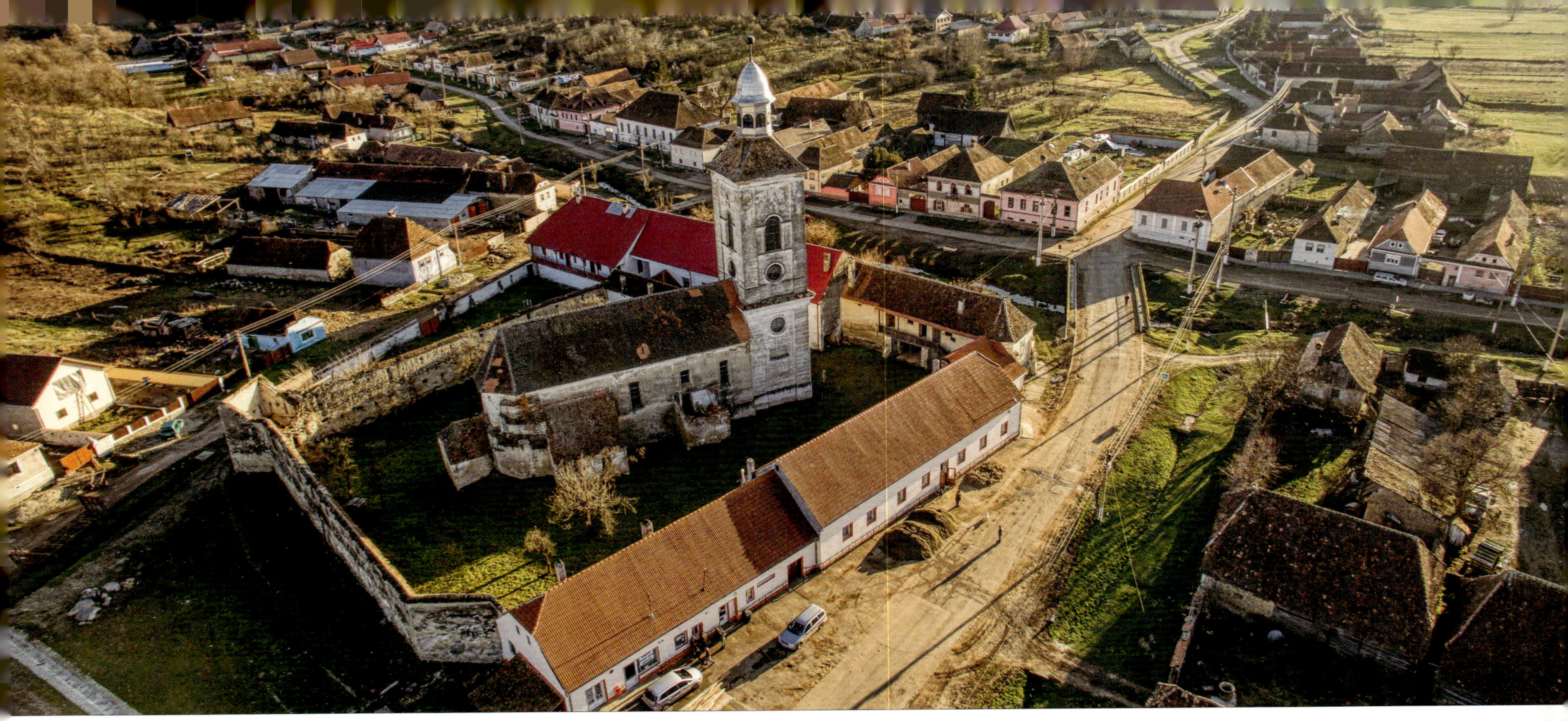

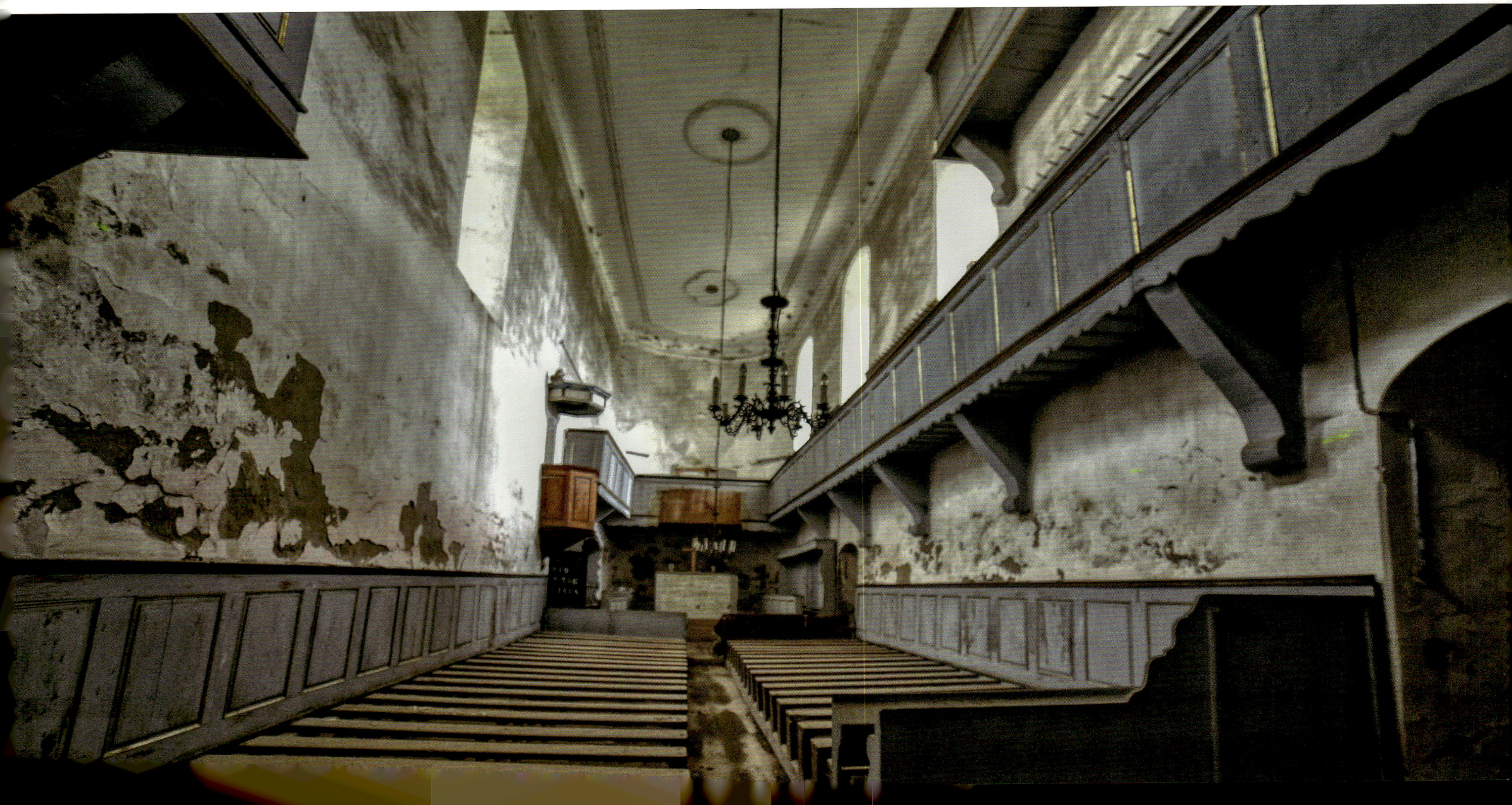

Kirche ausgeräumt

Ein Bering umgab als unregelmäßiges Vieleck die Kirche. Die sechs bis sieben Meter hohe Ringmauer besitzt zwei Reihen Schießscharten. Von den Pultdachtürmen ist nur der an der Südostecke erhalten. Ein Teil der Westmauer wurde um 1800 abgerissen, dort entstand das Rathaus. Der (inzwischen verschwundene) Nordwestturm wurde zum Speckturm umgebaut. Um 1900 wurden auch Teile der Westmauer und der Südwestturm abgerissen – für den Bau einer Schule. Der Hof der Kirchenburg hatte eine Größe von 64 mal 45 Metern.

Das Innere der Streitforter Kirche ist in einem schlechten Zustand. Einst gab es einen Barockaltar mit einer darüber eingebauten Orgel von Johannes Prause (1788). Sie wurde allerdings im Jahr 2002 abgebaut, von Hermann Binder restauriert und nach Wolkendorf gebracht. Auch sonst macht die Kirche einen ausgeräumten und verwahrlosten Eindruck: Es gibt noch die Emporen, das Kirchengestühl im Chor und die lehnenlosen (das sollte das Einschlafen während des Gottesdienstes verhindern) Bänke. Auch das Taufbecken aus dem Jahr 1632 ist nicht mehr zu sehen. Laut Fabini gab es in Streitfort 1975 eine wertvolle Madonna aus dem frühen 15. Jahrhundert sowie ein 161 Zentimeter hohes Kruzifix aus der Zeit zwischen Gotik und Renaissance. Beides ist ebenfalls nicht mehr in der Kirche zu finden.

Den aktuellen Schlüsselverwalter kann man beim Landeskonsistorium Kronstadt/Brașov erfragen (Tel.:+40-268/476 978).

Streitfort Mercheașa Mirkvásár Schtretfert

Katzendorf Cața Kaca Kaznderf

Zurück Richtung Hamruden zu der Kreuzung mit den Kirchenburg-Schildern biegen wir nach Nordwesten in Richtung Katzendorf ab. Nach fünf Kilometern erreichen wir das etwas abseits gelegene, aber recht lebendige Dorf mit 2500 Einwohnern. Um 1400 wurde es als Gemeinde des Repser Stuhls erstmals erwähnt, um 1500 gab es in dem Ort 92 Wirte, fünf Hirten und zwei Arme, also rund 500 Menschen. Schicksalsschläge gab es genügend: 1658 brannten Tataren und Türken das Dorf nieder, 1683 wütete ein Großbrand in der Gemeinde, 1684 plünderten von der Belagerung Wiens zurückkehrende Kriegshaufen das Dorf und raubten 337 Pferde, und 1706 wurde das Dorf mitsamt Kirche, Pfarrhaus und Schule wieder eine Beute der Flammen. 1749 brannte es erneut, und 1800 zerstörte ein Großfeuer 103 sächsische und 55 rumänische Höfe.

Die Kirchenbaugeschichte lief auch in Katzendorf nach dem bekannten Schema ab: Im 13. Jahrhundert entstand eine dreischiffige romanische Pfeilerbasilika mit durch Arkadenbögen vom Hauptschiff getrennten Seitenschiffen. Über dem Westende des Mittelschiffes erhob sich ein Glockenturm, der 1894 einstürzte und nicht wiedererrichtet wurde. Beim Zusammenbruch erlitt auch das Mittelschiffgewölbe irreparablen Schaden, Reste davon sind zwei Konsolen an der Nordwand. Der Glockenturm ist heute der Nordturm des inneren Berings. Im 15. Jahrhundert wurde die Apsis abgebaut und die romanische Flachdecke durch ein gotisches Kreuzgewölbe ersetzt.

Der Bering mit vier Türmen wurde im 15. Jahrhundert auf vorhandenen Grundmauern gebaut – ein unregelmäßiges Oval mit etwa acht Metern Höhe. Über der Einfahrt im Westen erhebt sich ein viergeschossiger Turm mit Wehrgang, vor die innere Mauer gesetzt. Auch im Norden wurde der Wehrturm vor die Mauer gebaut, um 1500 der Nordostturm, ebenfalls mit Wehrgang und Schießscharten.

Den zweiten Bering mit zwei Türmen bauten die Katzendorfer im 17. Jahrhundert. Der Pfarrturm (im heutigen Pfarrgarten) der äußeren Ringmauer entstand 1677. Er hat einen fünfeckigen Grundriss und war als Wohnturm konzipiert mit drei (von vier) heizbaren Geschossen. Der Nordturm der äußeren Ringmauer wurde abgetragen, ebenso große Teile von ihr – wegen des Schulhausbaus. 1936 wurde das evangelische Gemeindehaus in eine abgetragene Partie des äußeren Berings gestellt.

Den klassizistischen Altar schuf 1813 der Schäßburger Michael Wolff, 1864 die neue Kanzel der Steinmetz Schmidt und ein Jahr später den neuen Kanzeldeckel der Tischlermeister Johann Jakobi. Die Orgel hatte die Katzendorfer Kirche dem Kronstädter Andreas Eitel zu verdanken (1803), die heutige

Katzendorf Cața Kaca Kaznderf

baute die Firma Wegenstein im Jahr 1931. Heute ist sie wegen der defekten Pneumatik nicht spielbar.

Leben im Pfarrhaus

Seitdem der Schriftsteller Frieder Schuller ins Pfarrhaus gezogen ist, herrscht da ein reges Kommen und Gehen. Viele Gäste, vor allem Touristen, besuchen ihn, einen begnadeten Geschichtenerzähler.
Schlüssel sind bei Frau Markus Anna, Tel.: +40/268/248 564, Haus Nr. 282.

Katzendorf Cața Kaca Kazndorf

Meeburg Beia Homoródbene Meebrich

Expeditionscharakter hat die Fahrt von Katzendorf nach Meeburg, gelegen an der Bahnlinie Schäßburg–Kronstadt und erreichbar auf einer rudimentären Stein-Schotter-Straße über Königsdorf (Palos) im Westen Katzendorfs. 1442 urkundlich erstmals erwähnt, ist Meeburg um 1500 eine Gemeinde mit etwa 200 Bewohnern. Als 1671 ein Großbrand wütete, lebten dort circa 250 Menschen.

Keine Basilika, sondern eine in der zweiten Hälfte des 15. Jahrhunderts gebaute gotische Saalkirche bildete die Basis für den Umbau zur Wehrkirche zu Anfang des 16. Jahrhunderts. Über den Kirchensaal wurde ein Wehrgang auf hervorkragende Strebepfeiler gesetzt. Auch der im Westen der Kirche gebaute Glockenturm bekam ein Wehrgeschoss, das noch bis zur Mitte

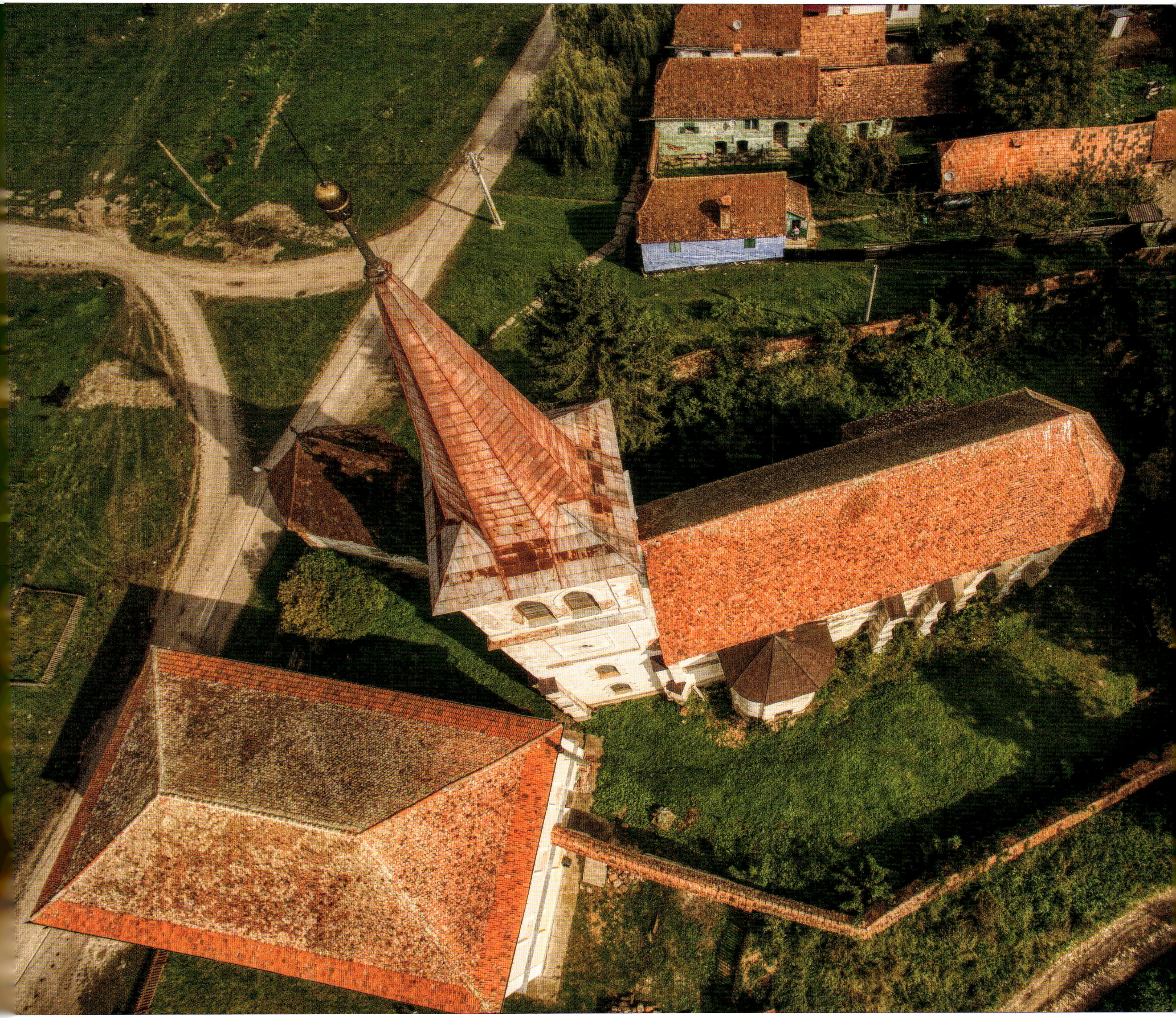

des 19. Jahrhunderts existierte. 1822 erhielt der Kirchensaal das heute zu sehende klassizistische Gewölbe.

Der polygonale Bering stammt aus dem 15. Jahrhundert mit je einem vorspringenden Turm im Nordosten, Südosten und Südwesten. Um 1600 entstand der massive sechseckige Turm im Nordwesten. Ein neuer Glockenturm ersetzte den alten im Jahr 1892. Um 1900 nagte der Schulhausbau an der Mauer, auch der Südwestturm musste daran glauben. Im Jahr 1909 stürzte der östliche Bering ein.

Überraschend farbenfroh präsentiert sich das Kircheninnere: Die hölzernen Emporen sind im Stil des Bauernbarock der Repser Gegend bemalt. Vom Altar ist nicht mehr viel vorhanden – ein großes lila Tuch ist an seiner Stelle gespannt. Der Flügelaltar datierte aus dem Jahr 1513 und stammte aus der Schule des Nürnberger Bildhauers Veit Stoß, dessen Söhne Veit und Johann

Meeburg Beia Homoródbene Meebrich

als Bildhauer und als Maler in Siebenbürgen tätig waren.
In der Mitte des Altars stand eine Holzfigur, die Jesus darstellt, nicht gekreuzigt, sondern in erstarrter Bewegung. Nach dem Kunstforscher V. Roth muss die Meeburger Christusstatue »als eine der glücklichsten Schöpfungen der Holzplastik in Siebenbürgen bezeichnet werden, aber es zeigen sich in der ganzen Auffassung, der Körperhaltung, der glatten Modellierung des Kopfes und der Hände scharf ausgeprägte, künstlerische Eigentümlichkeiten.«
Das Gestühl im Chor ist von Johannes Schuller aus Schäßburg (1698). Im Jahr 1790 wurde die Barockkanzel eingebaut. Von 1693 ist der steinerne Taufstein.
Die erste Orgel baute Johannes Prause aus Kronstadt im Jahr 1785, die zweite Karl Einschenk (1912). Laut Siebenbürgischer Orgeldatei wurde sie im März 2013 verwüstet.

Meeburg Beia Homoródbene Meebrich

Draas Drăuşeni Homoróddaróc Draass

Wir holpern zurück nach Katzendorf, und von dort geht es auf guter Asphaltstraße nach Norden nach Draas. Das Dorf hat eine prominente urkundliche Ersterwähnung: 1224 wird im Andreanischen Freibrief, der den Sachsen ihren freiheitlichen Sonderstatus einräumte, von der »terra Daraus« gesprochen: Es wurde festgelegt, dass alles Volk von Broos bis Draas eine politische Einheit bilden sollte.

Draas hatte um das Jahr 1500, als die römische Basilika aus dem 13. Jahrhundert zur Wehrkirche umgebaut wurde, etwa 320 Einwohner. Sie gestalteten ihre Kirche zu einer Burg um, trugen die Seitenschiffe weitgehend ab, Reste flankieren als eine Art angewachsener Turm die Südseite des Westturmes. Der Chor erhielt eine dicke Ummantelung, die ihm nach außen hin eine rechteckige Form gab. Mit einem Wehrgeschoss erreichte er nun die gleiche Höhe wie das Hauptschiff. Auch der Glockenturm (Westturm) wurde mit einem Wehrgang unter dem Pyramidendach ausgestattet.

Das romanische Westportal zählt zu den bedeutendsten Steinmetzarbeiten Siebenbürgens. Vom romanischen Bau haben sich außerdem die heute als Fenster genutzten Zwillings-Blendarkaden und die vermauerten runden Obergadenfenster erhalten. Sechs Türme dienten der Verteidigung der Schutzmauer der Draaser Kirchenburg. Die Mauer besaß eine Höhe von sechs bis acht Metern und war an der Basis eineinhalb Meter dick. Am gewaltigsten ist der Torturm im Westen, er ragt zwölf Meter aus der Mauer hervor und besitzt einen überwölbten Gang. Laut Fabinis *Kirchenburgenatlas* verteidigten auch zwei Fallbrücken den Zugang zur Burg. Auch die restlichen Türme

Draas Drăușeni Homoróddaróc Draass

sind der Mauer vorgelagert, je ein fünfeckiger im Süden und Osten (dieser stürzte teilweise ein und wurde 1969 vom Landeskonsistorium der Evangelischen Kirche wieder aufgebaut) sowie je ein viereckiger im Nordosten und Norden. Innen ist die Kirche beinahe leer. Ein archaisch anmutendes Konstrukt aus Stein und Holz erinnert an einen Altar. Der wertvolle Altar von 1638 wurde bereits bei Beginn von Renovierungsarbeiten im Jahr 1972 abgebaut und mit der Empore eine Zeitlang in einer Baracke außerhalb der Kirche gelagert. Als sich aber die Arbeiten immer

Draas Drăuşeni Homoróddaróc Draass

weiter hinzogen, wurde er nach Großscheuern gebracht. Laut Fabini wurde der Kirchenburg durch die Unterbrechungen und das Hinauszögern der Arbeiten irreparabler Schaden zugefügt. Erst 1993 wurden die Arbeiten dank Spenden der Münchner Messerschmidt-Stiftung wieder aufgenommen. Die Dächer sind recht neu, Schutz vor Regen also gegeben. Bei unserem Besuch (*die Schlüssel sind bei Frau Ella Kosa erhältlich, Tel.: +40/724/456 899, Hausnummer 87*) war von Arbeiten nichts zu sehen. Eine Kirchenburg als Lost Place.

Draas Drăușeni Homoróddaróc Draass